문예신서
3105

〈경멸〉 비평 연구

미셸 마리

이용주 옮김

東 文 選

〈경멸〉 비평 연구

Michel Marie

LE MÉPRIS

© Éditons Nathan, 1990

차 례

서 문

　장 뤽 고다르의 여섯번째 장편 영화 〈경멸〉은 비정형적 영화이다.
이 영화는 인기 절정의 여류스타가 출연한 국제적 대작이다. 고다르
는 이탈리아 문하계의 거장 중의 하나로 생각하는 현대 작가 알베르
토 모라비아의 소설을 충실하게 각색했다.

　미국의 공동 제작자 조셉 E. 레빈은 1차 편집이 끝났을 때 1963년
9월에 개최되는 베니스 영화제 출품을 반대했다. 장 뤽 고다르는 몇
개의 신을 억지로 추가하여 이 영화는 마침내 12월에 개봉된다.

　이 영화도 고다르의 대부분의 영화들과 마찬가지로 색다르게 평
가되고 있다. 브리지트 바르도가 출연한 영화로서 이것은 비판이 섞
인 성공이다. 비평은 아주 다양하게 분류될 수 있어서 신중하거나
적대적인 다수의 글들이 중요하다.

　〈경멸〉은 1981년 '아르 에 에세(Art et Essai)' 배급사에서 재배급
되었다. 이러한 형식의 개봉은 재편집의 성공작이다. 이때 이 영화는
1960년대 프랑스 영화의 주요한 작품으로 취급되고, 비평은 이 영화
의 기술의 고전성을 강조하게 된다. 이 영화는 주기적으로 텔레비전
에 재방영되고 자막은 영화에 할당된 방송으로 수정되었다.

　〈경멸〉은 많은 소설가 · 화가 · 음악가들의 참고 영화가 되기도 했

다. 이 영화는 1960년대 프랑스 영화에서 〈게임의 규칙〉의 개봉 당시 상황과 약간 비슷하다.

　나는 〈경멸〉을 1964년 1월 마르세유에서 개봉되었을 때 우연히 르 카피톨이라는 영화관에서 처음으로 보았다. 그때 내 나이 열여덟이었고 내가 유일하게 알고 있는 고다르 영화라고는 무척 감명 깊게 보았던 〈비브르 사 비〉 한 편뿐이었다. 〈경멸〉을 본 처음 소감은 말 그대로 세 번의 연속 상영 시간 동안 영화관에 남아 있을 정도로 사로 잡혀 있었다. 나는 그 이후 몇 주 동안 이 영화를 스무 번쯤 다시 볼 수밖에 없었다.

　이 영화와 나의 감정적 관계는 고다르를 다룬 《르뷔 벨주 뒤 시네마》를 준비하던 필립 뒤부아의 주도적 역할로 분석적이고 대학의 방식으로 접근하는 데 20년 이상 걸릴 만큼 강했다. 〈경멸〉은 내 개인적 시네필의 결정적 기준이고, 확실한 것은 나중에 나의 직접적 취향에 중요한 역할을 했다는 사실이다.

　나는 여기서 독자들과 초기에 지지하던 바의 대부분이 통할 수 있기를 기대한다.

장 뤽 고다르의 삶과 영화

장 뤽 고다르는 1930년 12월 3일 파리에서 스위스 국적의 부모 밑에서 태어났다. 그의 아버지는 의사였고, 어머니는 프로테스탄트 은행가 모노드 가문 출신이었다. 고다르는 스위스의 니웅에서 초등학교와 중학교를 마치고 파리의 뷔퐁고등학교를 졸업했다. 그는 그르노블에서 바칼로레아(대학입학자격시험)를 합격하고 소르본대학에서 민족학 학사학위를 준비한다. 그때가 1949년 그의 나이 열아홉 살이었고 그는 영화관을 자주 드나들었다. 특히 메신 가에 있는 시네마테크 프랑세즈의 영화 상영과 라틴 구에 있는 시네클럽에 자주 드나들었다. 그는 거기서 프랑수아 트뤼포·자크 리베트·에릭 로메르를 알게 되었는데, 이를 계기로 에릭 로메르와 우정을 쌓게 되었다.

《카이에 뒤 시네마》의 시기

고다르는 조셉 L. 맨케비츠에 대한 글로 《가제트 뒤 시네마》(n° 2 1950년 6월호)에서 한스 루카스(장 뤽의 독일어식 표현)란 필명으로 비평가로 데뷔했다. 이 글에서 그는 감탄해서 알베르토 모라비아의 소설을 언급하게 된다. 1952년 1월부터 그는 《카이에 뒤 시네마》에 간간이 글을 쓰기 시작했다. 그때 그는 《레자미 뒤 시네마》(1952년 10월호)를 통해 알게 된 세귀르 백작부인의 소설 《소녀 모델들》을 각색한 영화 연출 계획이 있었지만 결실을 맺지 못하고 있던 에릭 로메르와 자주 만나게 된다. 그가 〈경멸〉의 주인공들을 카미유와 폴로 정하기 위해 주인공의 이름을 바꿀 때에도 그 유명한 백작 부인의 작품 주인공들을 떠올리게 되었을지도 모른다.

1954년 고다르는 스위스의 디장스 댐 건설 노동자로 참여한다. 이러한 경험을 바탕으로 그는 첫 단편 영화 20분짜리 다큐멘터리 〈콘크리트 작전〉을 만든다. 그리고 그는 파리로 돌아와 《카이에 뒤 시네마》에서 공동 작업을 다시 시작하고 주간지 《아르》(1956)에도 활동을 시작한다.

그때 《카이에 뒤 시네마》에서 만난 그의 친구들이 로베르토 로셀리니의 조언으로 연출에 뛰어든다. 클로드 샤브롤은 1958년 〈미남 세르주〉를, 트뤼포는 〈개구쟁이들〉(1958)을, 로메르는 〈크로이체르 소나타〉(1956)와 〈베로니카와 그녀의 어리석음〉(1958)을, 리베트는 〈목동의 반격〉(1956)과 같은 단편 영화를 감독한다. 고다르는 1955년 제네바에서 첫 단편 극영화를 자비를 들여 16mm로 찍는다. 이것은 모파상의 단편 소설 〈징후〉의 각색 영화이다. 고다르는 이 작품에 〈요염한 여인〉이란 제목을 붙인다.

고다르가 35mm 필름을 사용하여 직업적인 감독에 가까운 조건으로 연출한 초기 세 편의 단편 영화 에릭 로메르의 시나리오로 만든 〈모든 청년의 이름은 파트릭〉(1957), 프랑수아 트뤼포가 시작하고 고다르가 편집, 믹싱한 〈물 이야기〉(1958), 장 폴 벨몽도와 공동 연출한 〈샤를로트와 그녀의 쥘〉(1959)의 제작을 맡게 된 것은 피에르 브론베르제이다.

카리나와의 활동 시기

고다르는 《카이에 뒤 시네마》의 멤버에서 장편 영화의 모험에 뛰어들 수 있게 된 마지막 인물들 중 하나가 된다. 1959년 여름 그에게 그런 가능성을 보여준 것은 조르주 드 보르가르이다. 고다르는 나중에 〈여자는 여자다〉와 〈작은 병정〉(1963)이란 영화로 만들어진 개인적 주제들을 거절하고 프랑수아 트뤼포가 쓴 시나리오 〈네 멋대로 해라〉를 받아들인다. 그 영화는 1960년 3월에 개봉되어 아주 열악한 촬영 조건에도 불구하고 배우들과 제작자의 열정으로 파리 관객 25만 9천 명, 7주 독점 상영 기록, 유럽과 미국에서도 흥행 성공을 거두어 세간을 놀라게 했다.

갑자기 고다르는 누벨 바그의 악동, 사람들의 입에 오르내리는 전통을 파괴하는 명석한 감독이 되기에 이른다. 지나친 비유지만 그는 〈네 멋대로 해라〉의 주인공 미셸 푸아카르와 비슷한 선동적인 인물로 간주되기도 한다. 그때부터 그는 두번째 장편 영화 〈작은 병정〉(1960)의 3년 동안 상영금지 처분에도 불구하고 계속 영화를 찍는다.

1961년 고다르는 스물한 살의 덴마크 처녀 안나 카리나와 결혼한다. 그는 그녀를 출연시켜 르네 클레르와 에르스트 루비치에 헌정하는 프랑스식 뮤지컬 코미디 영화 〈여자는 여자다〉(1961)를 연출한다. 이 영화는 흥행이 보장되는 장 폴 벨몽도와 장 클로드 브리알리가 함께 출연한 컬러스코프 코미디 영화이기도 하다. 같은 해 그는 상업적인 스케치 영화 〈일곱 개의 원죄〉에 참여한다. 그는 이 영화에 당시 프랑스 탐정 영화의 대스타 에디 콘스탄틴을 출연시킨다.

　1962년 피에르 브론베르제는 파리 매춘부의 금욕주의적 초상화이자 1920년대 무성 영화, 특히 칼 드레이어의 〈잔다르크의 수난〉에 대한 헌정작 고다르의 네번째 장편 영화 〈비브르 사 비〉의 제작을 수락한다. 고다르는 자기 스타일을 급진적으로 고수하며 영화를 시퀀스 쇼트와 다큐멘터리 기법의 사용을 강조하면서 12개의 장으로 구성하고 있다. 그는 마르셀 사코트의 앙케트 〈매춘은 어디에 있는가?〉에서 영감을 얻은 주제의 영화라 그런지 몰라도 다시 흥행에 성공한다. 이 영화는 1962년 베니스 영화제 심사위원 특별상과 이탈리아 · 독일 · 일본의 비평가상을 수상하기에 이른다. 이 영화는 《레레트르 프랑세즈》에서 조르주 사둘의 극찬을 받았지만 당시 대다수의 다른 비평가들에게는 혹평을 받게 된다. 그가 루이즈 브룩스 헤어스타일의 갈색머리 젊은 매춘부 나나를 연출한 초상화는 아주 충격적이다. 그는 거기서 부인의 초상화를 그리는 화가의 이야기를 하기 위해 에드가 앨런 포의 《타원형 초상화》를 인용하고 있다. 〈경멸〉의 중간 시퀀스에서 카미유(브리지트 바르도 분)는 나나의 헤어스타일과 같은 갈색 가발을 쓰고 있다.

　1963년은 고다르에게 대조적인 해이다. 1962년 연말이 지나고 연초의 연휴, 특히 혹독했던 겨울에 그는 나중에 뢴지 시장으로 바뀐

공터에서 촬영된 반전 우화 〈기관총부대〉를 연출하기 시작한다. 중요한 것은 조르주 드 보르가르와 카를로 퐁티가 다시 손을 잡은 프랑스와 이탈리아 합작 영화라는 것이다. 두 사람은 이미 〈여자는 여자다〉를 공동 제작한 바 있다. 〈기관총부대〉는 로베르토 로셀리니가 고다르에게 소개한 바 있는 벤자미노 조폴로의 이탈리아 희곡을 아주 막연하게 각색한 영화이다. 〈기관총부대〉의 기술진은 한두 사람을 제외하고 〈경멸〉의 기술진과 똑같이 구성된다. 영화의 블랙유머, 자리식 견유주의("엿 먹어라" 하는 식으로 욕설을 퍼붓는 것)는 당시 비평의 아주 강한 배척을 야기한다. 고다르는 얼마 전부터 〈경멸〉의 각색을 준비히면서 이 영화에서 〈기관총부대〉의 네 인물의 이름을 율리시즈 · 미셸 앙주 · 클레오파트라 · 비너스라고 붙인다. 그렇지만 그들이 영웅적이거나 귀족적인 것은 아무것도 없다.

〈기관총부대〉는 2주 독점 상영에 파리 관객 2천8백 명에 그치는 누벨 바그 사상 가장 유명한 사건 중의 하나로 큰 반향을 일으킨 고다르의 첫번째 실패이다. 그러나 고다르는 이 영화 개봉 이전에 〈세상에서 가장 아름다운 사기들〉을 위한 새로운 스케치 영화 〈위대한 사기꾼〉을 모로코에서 연출을 이미 끝낸 상태였다. 〈기관총부대〉는 1963년 5월 31일 개봉된 데 반해 고다르의 촬영팀은 국제적인 섹시 스타 브리지트 바르도의 출연에 구미가 당긴 미국의 제작자 겸 배급업자 조셉 E. 레빈이 참여하게 됨으로써 조르주 드 보르가르와 카를로 퐁티가 공동 제작하게 된 〈경멸〉을 촬영하기 위해 로마에 머물고 있었다.

〈경멸〉 이후에 고다르는 단편 영화들을 접어두고 1년 동안 두 편의 장편 영화 리듬을 고수하게 된다. 1964년 그는 저예산 영화로 방향을 바꿔 안나 카리나·피에르 브라쇠르·새미 프리의 출연으로 레이몽 크노에게 헌정한 영화 〈국외자〉를 공동 제작한다. 같은 해 그는 1960년대 프랑스에 대한 첫 사회적 에세이라고 할 수 있는 영화 〈결혼한 여자〉로 검열에 새로운 문제를 야기하기에 이른다.

1965년 고다르는 그의 이력의 전반기에 두번째 대중적 성공작 〈미치광이 피에로〉와 〈알파빌〉을 찍게 된다. 다음해는 그에게 특히 많은 작품을 내놓는 해가 된다. 왜냐하면 그는 장편으로 〈남성-여성〉〈메이드 인 U.S.A.〉〈내가 그녀에 대해 알고 있는 두세 가지 사실〉과 〈여러 세대에 걸친 사랑〉의 스케치 영화로 또 다른 단편 영화 〈미래 전망〉을 연속해서 내놓았기 때문이다.

1967년은 그에게 현실 참여의 해라고 할 수 있다. 왜냐하면 고다르는 베트남 전쟁을 어떻게 말할 수 있을까 자문해 본 집단 영화의 시퀀스라고 할 수 있는 〈베트남에서 멀리 떨어져〉와 다음해 사건을 예감하게 해준 두 편의 장편 영화 〈중국 여인〉과 〈주말〉을 만들었기 때문이다. 알랭 베르갈라가 고다르의 전기에서 구분한 바 있는 '카리나의 시기'는 이렇게 일단락된다.

마오쩌둥의 시기

1967년 12월 ORTF(=Office de radiodifusion-télévision française; 프랑스국영라디오 텔레비전방송국, 1974년 해체)로 시작하여 1968년 5

월 이후로 끝나는 〈즐거운 지식〉으로 고다르는 행동주의적이고 실험적인 영화에 뛰어든다. 그는 영상과 사운드(음향)의 기능에 대한 이론적 고찰과 선전용 영화의 전반적인 양상을 탐구하게 된다. 이 시기에 그는 혼자 연출하거나 지가 베르토프 집단과 같은 공동 작업으로 잘 알려져 있지 않은 아홉 편의 새로운 장편 영화를 연출한다. 이렇게 여러 편의 영화가 세간에 알려지지 않은 이유는 〈다른 것과 다를 바 없는 영화〉(1968)에서 〈블라디미르와 로자〉(1971)에 이르기까지 거의 은밀한 방식으로 배급되었고, 1980년대 장편 영화들이 근거를 두고 있는 실험실의 진정한 경험의 소산이기 때문이다. 유일하세 35mm로 만든 〈원플러스 원〉(1968)만이 상업 영화관에서 개봉되었다.

〈블라디미르와 로자〉 이후 그는 심각한 오토바이 사고로 약 2년 동안 창작 능력을 발휘하지 못하다가 이전의 행동주의적 영화들(고다르 자신의 영화 몇 편과 다른 감독들의 영화, 특히 1972년에 만든 마랭 카미츠의 〈주먹질〉)에 대한 아주 신랄한 비판적 분석이라고 할 수 있는 〈만사형통〉을 만들어 상업 영화계로 복귀한다. 그는 이 영화에서 스타들의 영화를 현실의 추잡스러움으로 풍자하고 있다. 이브 몽탕과 제인 폰다는 성적 은어에 근거한 에로틱한 포르노 경향의 장광설을 늘어놓으면서 〈경멸〉의 시작 시퀀스에 대해 상당히 공격적으로 새로운 해석을 내린다. 반면에 그들은 공공 기업체 르노의 맞은편이 세갱 섬의 강변을 따라 정장 차림으로 걷고 있다.

'마오쩌둥 시기'는 좌파의 전투적인 태도가 가장 급진적 경향을 보이던 시기에 〈승리할 때까지〉라는 제목으로 1970년에 시작한 자기 비판의 새 영화 〈여기와 저기〉로 끝난다.

제목이 계획된 듯한 〈넘버 2〉는 비디오 언어에 관한 실험의 시기와 사진, 즉 〈자 어때?〉(1975), 〈6×2〉(1976), 〈두 어린이의 프랑스 일주〉(1977-78)에서 중점을 두고 있는 의문 시청각적인 소통에 대한 이론적 질문을 제기한다. 〈여기와 저기〉와 〈넘버 2〉 이후 마리 미에빌은 고다르의 영화 시나리오 작업에 참여하게 된다.

영화로의 복귀

끝으로 네번째 시기는 1979년 35mm 상업 영화 제작과 **MK2**를 통한 고전적인 배급 경로로의 회귀를 보여준 〈할 수 있는 자가 구하라: 인생〉으로 시작된다. 이 새 영화에는 부분적으로 자전적인 요소가 들어 있고, 선형적 흐름의 이야기에 비디오 실험(움직임의 분할, 슬로 모션)의 경험이 혼합되어 있다.

1980년대에는 아주 개인적인 주제들〔〈열정〉(1981), 〈마리아께 경배를〉(1983), 〈누벨 바그〉(1990)〕과 고다르가 결코 포기하지 않고 〈프레디 뷔아슈에게 보낸 편지〉(1982), 〈영화 '열정'의 시나리오〉(1982), 〈언어의 위력〉(1988)과 같은 습작들의 계획에 아주 적절한 단편 영화들을 잊지 않고 방향을 바꾼 여러 가지 주문 영화〔〈미녀 갱 카르멘〉(1982), 〈탐정〉(1984), 〈영화라는 작은 비즈니스의 영광과 쇠락〉(1986), 〈리어 왕〉(1987)〕가 번갈아 나타나고 있다. 〈경멸〉처럼 스타 알랭 들롱을 주연으로 연출된 최근의 장편 영화 〈누벨 바그〉는 1990년 칸 영화제에서 노미네이트되기는 했으나 수상하지는 못했다. 〈미녀 갱 카르멘〉은 1983년 베니스 영화제에서 금사자상을 수상했고, 〈오른쪽을 주의하라〉는 1987년 루이 델뤽상을 수상했다.

세기의 형식의 위대한 창작자들 중 한 사람인 장 뤽 고다르의 문화적 지위는 프랑스 밖에서도 여전히 많은 인정을 받고 있다. 그후 30년 이상 지속되고, 35mm 장편 영화를 포함한 그의 작품이 현재의 주요 기준들 중 하나가 되고 있다.

앞자막

영화에서 볼 수 있는 바와 같이 세 개의 자막:

영화심의 인증번호 n° 27515 코시노르

　코시노르의 소개

　경멸

해설 자막:

　이 영화의 원작은 알베르토 모라비아의 소설이다. 브리지트 바르도와 미셸 피콜리가 출연한다.

　잭 팰랜스와 조르지아 몰도 출연한다.

　프리츠 랑도.

　촬영은 라울 쿠타르가 담당했다.

　조르주 들르뤼가 음악을 작곡했다.

　그리고 음향녹음은 윌리엄 시벨이 담당했다.

　편집은 아네스 기유모이다.

　필리프 뒤사르가 카를로 라스트리카티와 제작진을 담당했다.

　이 영화는 장 뤽 고다르의 것이다.

　이 영화는 스코프(영상을 변형시키는 영화기법－역주)로 촬영되었고 주앵빌의 GTC에서 컬러로 인화되었다.

　이 영화는 로마−파리 필름과 로마의 콩코르디아, 콤파니아 시네마토그래피카 샹피옹에서 조르주 드 보르가르와 카를로 퐁티에 의해 제작되었다.

앞자막이 조르주 들르뤼의 음악을 배경으로 남자 목소리로 해설되는 동안 첫번째 쇼트로 걸어나오는 프란체스카를 찍는 기술진이 영상으로 보인다. 이 쇼트는 다음 인용으로 연결된다.

　앙드레 바쟁에 의하면 "영화는 우리의 시선을 욕망과 일치하는 세계로 대체한다. 〈경멸〉은 그런 세계의 이야기이다."

다음과 같은 기술진의 정보가 덧붙여진다.

조감독: 샤를 비치
편집조수: 릴라 라크시마낭
기록 수장: 시프만
의상: 자닌 오트레
분장: 오데트 베로제
제작 실무: 조셉 E. 레빈
출연 조감독 역: 장 뤽 고다르; 린다 베라스(인어 역)
필름 길이: 2798m(105분)
개봉일: 1963년 12월 20일

촬영: 1963년 4월 28일부터 6월 7일까지 로마와 카프리에서

배급: 1963년: 마르소 코시노르(프랑스), 앰배시 픽처스사(미국).
다른 음악이 믹싱되고 재편집된 더빙 버전이 이탈리아에서
상영되었다. 고다르는 자막에서 자신을 뺐다.

1981년: 포롬

시대적 상황

1963: 드골 장군의 제5공화국은 내란의 위험을 피하게 됨으로써 8년간의 식민지 전쟁을 거쳐 알제리 전쟁으로 종말을 고하게 된다. 전후의 상황에서 겨우 벗어난 프랑스 사회는 10여 년 동안 생활 방식, 정신 상대, 문화적 실천에서 큰 혼란을 겪게 된다. 고다르는 이러한 변화의 목격자가 되고, 그의 영화의 주제는 점점 더, 특히 1964년 〈결혼한 여자〉에서부터 그러한 변화에 젖게 된다. 고다르는 당시 대중매체에서 가장 많이 오르내리던 그 세대의 영화인이다. 그의 나이는 자크 오몽이 농담 섞어 지적한 바와 같이 글자 그대로의 의미에서 결정적인 나이라고 할 수 있는 '수난과 승리의 나이' 서른셋이었다.

1962-1964: 누벨 바그는 썰물의 시기에 속한다. 데뷔의 짧은 환희의 순간이 지나고 누벨 바그는 위기와, 앙드레 게아트의 〈검과 저울〉과 장 폴 벨몽도가 친구 미셸 푸아카르와 소원한 관계가 되고만 필리프 드 브로카의 〈왕의 남자〉 같은 성공작과 함께 '고급 영화'로의 회귀를 맞게 된다.

샤브롤 · 로메르 · 리베트 · 트뤼포 · 드미 · 루슈 · 카스트와 같은 고다르의 동료들이 물결의 파도에 있었다.

장 뤽 고다르는 〈비브르 사비〉 이후 〈작은 병정〉(1963)의 상영금지에도 불구하고 그의 영화 제작자들이 여전히 〈기관총부대〉의 관객이 현저하게 줄어들고 있는 것을 모르고 있었기 때문에 곧이어서 영화를 계획하게 된다.

그러나 1960년대초는 할리우드의 붕괴 시기이고 대부분의 대규모 스튜디오의 위기의 시기이기도 했다. 당시 '메이저 영화사들'은 상업적인 궤도 수정의 중요성을 인식하고 있었다. 이러한 영화사들은 대중 관객을 다시 끌어들이기 위해 국제적인 대작 영화를 늘리게 된다.

비평가로서 고다르가 특히 존경했던 50년대 세대의 감독들은 그들이 장악할 수 없는 범세계적인 시기에 창의적 독창성을 잃게 된다. 예를 들면 〈엘 시드〉(1960), 〈로마제국의 멸망〉(1964)을 만든 앤서니 만, 〈왕중왕〉(1961)과 〈북경의 55일〉(1963), 월터 웨인저와 촬영을 하다가 나중에 대리 F. 재넉(여류스타 에리자베스 테일러의 변덕에 직면해)과 촬영하게 된 조셉 L. 맨케비츠의 경우이다. 대리 F. 재넉은 폭스 영화사를 파산하게 만든 대규모 예산 영화 〈클레오파트라〉(1963)의 촬영을 마무리짓는 것을 어렵게 만든다. 할리우드의 베테랑들, 즉 그리피스 · 채플린과 영화의 길에 들어섰고, 〈경멸〉의 감독이 영화(치네치타에 붙어 있는 영화 포스터를 통해)에서 경의를 표했던 영화인들은 그들의 오랜 활동 무대에서 쇠퇴기를 맞는다. 고다르 · 로베르토 로셀리니 · 장 르누아르의 정신적 지도자들은 〈코르들리에 박사의 유언〉(1961), 〈철의 시대〉(1965)와 같은 텔레비전의 기술 방식을 위해 스펙터클 영화 산업에서 멀어지게 된다.

고다르가 모라비아 소설의 각색을 구상한 것은 고전 영화의 쇠퇴, 영화 시대의 종말의 맥락에서 이루어진 것이다.

따라서 영화는 전환기를 맞고 있었다. 새로운 형식들로 이야기의 전통적인 구조들을 조명해 볼 수 있게 된 것이다. 사실주의 유파들은 '프리 시네마(Free cinéma)'를 지향하는 영국, 리처드 리콕과 피에르 페로의 직접 영화뿐만 아니라 존 카사베츠의 초기 영화를 지향하는 미국과 캐나다에서 그들의 방식을 고수하기에 이른다. 세계 도처에서 새로운 영화인들이 글라우버 로샤의 〈대지의 신과 악마〉(1964) 같은 브라질 영화에서처럼 리얼리즘을 몽타주의 재발견과 바로크 미학에 연결시키기는 그때까지 알려지지 않았던 영화 스타일을 담구하는 중이었다. 일인칭으로 쓰고 연출하는 피에르 파올로 파졸리니의 표현을 답습하려는 '시 같은 영화'는 폴란드에서도 예지 스콜리모프스키와 같은 혁신적인 영화인이 보여준 것처럼 발전한다. 그는 나중에 고다르에 의해 재능을 직접 평가받게 된 젊은 영화인이다.

이탈리아에서 미켈란젤로 안토니오니의 강한 개성은 〈외침〉(1957), 〈정사〉(1960), 〈밤〉(1961)과 같은 영화로 영화적 드라마투르기의 새로운 형식을 만들어 낸다. 우리는 이러한 영화에서 '주인공'과 행동, 심리적 시간의 아주 새로운 개념을 발견하게 된다. 안토니오니는 그의 영화 세계를 묘사적이고 반심리적인 1950-60년대 현대 소설의 유산에 설정하고 있다. 우리가 뒤에서 알 수 있는 바와 같이 설령 〈경멸〉이 우선 로베르토 로셀리니의 영화, 특히 〈이탈리아 여행〉에 오마주라 해도 고다르는 이탈리아에서 '소통 불능'의 영화적 테마의 문학적 선구자로 다분히 간주되는 작가인 모라비아 작품의 각색 영화를 촬영하면서 바위들이 사라진 〈정사〉(1960)의 섬과 〈밤〉(1961)의 부부의 오해를 드러내는 긴 시퀀스들을 떠올리게 된다.

프랑스 영화는 또한 알랭 로브그리예의 초기 영화들(〈불멸의 여인〉, 1963)과 알랭 레네와의 공동 연출작(〈지난해 마리앙바드에서〉, 1961) 보여주는 것처럼 누보로망의 이론으로 강조된 새로운 기술의 경향을 띤다. 〈경멸〉이 나오던 해, 장 케롤과 알랭 레네는 이러한 미학적 방향의 가장 혁신적인 영화 〈뮤리엘 혹은 회귀의 시간〉을 쓰기 위해 함께 참여하게 된다. 고다르는 이 영화를 찬미하면서 〈경멸〉에서 두 순간에 짧은 편집의 '플래시' 영상으로 참고하고 있다. 인문과학과 문학 이론의 영역에서 구조주의가 거론되기 시작하면서 클로드 레비 스트로스의 인류학적 시도가 전문독자들의 긴밀한 동아리보다 훨씬 더 넓은 대중을 사로잡기 시작한다.

〈경멸〉의 미학적 계획은 모두 고전 영화의 종말과 이야기의 새로운 '혁신적인' 형식의 출현의 맥락으로 결정된다. 이 영화는 틀림없이 현대 영화이다. 기술 방식은 편집의 전통적인 형식에 익숙해 있는 비평가를 화나게 만들 수도 있었다. 그러나 이것은 고전주의의 경향이 매순간 끊임없이 두드러지게 나타나는 현대 영화이다. 많은 주해자들이 지적하고 있는 바와 같이 이 영화는 1960년대 고다르의 영화들 중 가장 고전적인, 다시 말해 가장 선조적이고 가장 서술적인 작품이다. 이 영화는 각색된 소설에 충실하다는 것이 아주 분명하게 드러나는 작품이기도 하다. 이러한 면에서 문학 작품을 각색한 할리우드 영화(가장 시각적인 서술적 짜임에 충실한)에 해당한다.

영화의 탄생 과정

《경멸》은 알베르토 모라비아의 전기적 소개에서 본 바와 같이 그의 아홉번째 소설이다. 이 작품은 1954년에 발표되어 프랑스어로는 1955년에 번역되었다.

고다르가 작가 모라비아에 대한 김명 때문에 그의 소실의 최초의 독자들 중 한 사람이 되었을지도 모른다는 것을 의심할 사람은 아무도 없다. 이 소설이 1950년대 이탈리아 영화의 배경으로 전개될 만큼 이것은 제작자 바티스타와 독일 이민자인 연출가 레인골드와 만나게 되는 시나리오 작가이자 희곡 작가 리카르도 몰테니에 의해 이야기되고 있다.

〈경멸〉은 고다르에게 영화 세계를 직접 이야기하고, 영화의 창작, 작가 영화의 위상과 관련된 그 고유의 개념, 제작자들과의 관계를 전개할 수 있는 가능성을 보여주었다. 이것은 그가 비평가였을 때 접근했었고 그의 초기 장편 영화들에서 간접적으로 드러났던 모든 점들이다. 당장 고다르의 작품은 자아 반영적이었고, 그의 영화들은 젊은 농부가 생전 처음 영화관에 가는 것을 볼 수 있는 〈기관총부대〉의 시퀀스에서 이것을 분명하게 표현한 바와 같이 영화의 이런저런 방법을 언급하고 있다.

1960년대초 모라비아는 가장 유명한 작가였다. 그의 소설 다섯 편과 단편, 〈시골뜨기〉(마리오 솔다티, 1953), 〈로마의 미녀〉(루이지 잠파, 1954), 〈로마 이야기〉(자니 프란시올리니, 1955), 특히 국제적으로 대성공을 거둔 바 있는 소피아 로렌 주연의 〈두 여인〉(비토리오 데 시카, 1960), 〈아고스티노〉(마우로 볼로니니, 1962)가 이미 영화로 각색된 상태였다. 〈경멸〉이 개봉된 1963년 이탈리아 영화계에서는 〈타락〉(마우로 볼로니니), 〈무관심한 사람들〉(프란체스코 마셀리)과 〈권태〉(다미아노 다미아니)도 각색되었다. 7년 뒤 베르나르도 베르톨루치는 〈순응자〉(1970)를 각색하게 된다.

로마-파리-필름사에서 조르주 드 보르가르와 관계를 맺고 있던 이탈리아 영화 제작의 베테랑 카를로 퐁티가 모라비아 소설의 영화 각색권을 가지고 있었다. 그는 1940년에 데뷔하여 룩스 영화사에서 작업을 했고, 유명한 전후 네오리얼리즘 작품 여러 편(알베르토 라투아다 · 루이지 잠파 · 피에트로 제르미 · 루이지 코멘시니 등)에 출자하기도 했다.

모라비아의 소설에서 인생 역정이 퐁티와 유사한 이탈리아 제작자 바티스타는 한 편의 스펙터클 영화(비타협적인 몰테니는 레인골드와 불꽃튀는 토론 때 반박하길, "나부들과 함께 등장하는 테크니컬러로 된 가장무도회, 킹콩, 배춤, 가슴 노출, 판지로 된 괴물들, 마네킹들 등!)로 〈오디세이〉 각색 작품을 내놓는다. 그의 묘사는 1954년 율리시즈 역으로 커크 더글러스가 출연하여 국제적으로 대성공을 거둔 마리오 카메리니의 《율리시즈》와 무척 상응한다.

퐁티는 1957년부터 파라마운트에서 미국 제작자로서 활동을 시작한다. 1960년대초 보르가르와 관계를 맺게 된 그는 고다르·멜빌·페레리·로지의 영화를 제작하면서 이탈리아 영화와 프랑스 영화의 쇄신에 기여하게 된다. 1963년 그는 〈여자는 여자다〉와 〈기관총부대〉를 공동 제작하기도 했다.

조르주 드 보르가르는 〈네 멋대로 해라〉를 시작으로 고다르의 마음을 사로잡는 제작자가 된다. 그는 어떤 점에서 고다르의 친구이기도 하다. '가족 앨범'(알랭 베르갈라)의 사진 한 장이 그가 J.-P. 멜빌과 함께 1963년 3월 고다르와 안나 카리나와의 결혼의 증인(영화에서 프리츠 랑은 프로코시가 독재자로 비칠 때 감독은 친구 같은 제작자가 필요하다고 밀한다)이있다는 것을 보어준다. 보르가르(1920년 마르세유 출생)는 영화 배급과 수출로 영화계에 발을 들여놓았다. 그는 후안 안토니오 바르뎀의 장편 영화, 〈사이클 선수의 죽음〉(1955)과 〈대로〉(1956)라는 두 편의 영화로 스페인에서 영화일을 시작했다. 프랑스에서 그는 피에르 로티의 소설, 《라문초》(1958)와 《아이슬랜드의 어부들》(1959) 두 편을 각색하여 피에르 쇼앤도에퍼를 데뷔시키게 된다. 고다르는 이 시기에 로티 소설의 각색 영화 대사 작업을 하면서 이 제작자를 알게 된다.

회사가 파산 지경에 이르렀을 때 〈네 멋대로 해라〉의 흥행 성공으로 보르가르는 재정 상황이 호전되어 1960년대 중요하게 평가되는 20여 편의 장편 영화를 제작할 수 있게 된다. 1963년 그는 〈비브르 사 비〉(피에르 브론베르제 제작)를 제외하고 고다르의 모든 장편 영화를 제작하기도 했다. 〈경멸〉의 자금 운용 조절 때 브리지트 바르도의 주연 수락으로 예산이 10배로 늘어나게 되면서 제작에 아주 다른 상황을 만들게 된다. 〈네 멋대로 해라〉의 제작비가 4천만 프랑에 불과한 데 반해 이 영화는 5억 프랑(예전 프랑)에 달했다.

바르도의 출연은 나중에 제작사로 참여하게 되는 제3의 재정적 파트너, 미국 제작자 조셉 E. 레빈을 끌어들이게 된다. 레빈(1905년 보스턴 출생)은 고다르가 그와의 분쟁 시기에 함께 퍼트렸던 무례한 재정적 양식이 없는 사람의 이미지와 완전히 일치하지는 않는다.

레빈은 먼저 영화관 경영자였고 1938년 여러 개 영화관의 사장이었다. 그는 미국을 중심으로 배급권을 다시 사서 1950년대초 유럽 영화들을 배급했다. 그는 1958년부터 〈법〉(줄스 다신, 1958), 〈쥘 베른의 가공의 세계〉(1960), 〈바그다드의 도둑〉(아르튀르 뤼뱅, 1961)뿐만 아니라 마르코 페레리의 〈부부의 침실〉(1962)과 페데리코 펠리니의 〈8과 1/2〉(1962) 같이 아주 야심찬 영화들을 제작하게 된다. 〈경멸〉이 나오던 해 그는 에드워드 드미트릭의 〈야심가들〉과 마르코 페레리의 〈수염난 여자의 남편〉을 제작하게 된다.

〈경멸〉에서 프로코시라는 인물은 고다르에 의해 레빈과 퐁티의 형제로 구상된 것이었다. 미국인 제작자는 프란체스카가 쇼트 146(카프리의 선상에서) 프로코시에게 "제리, 조셉 E. 레빈이 뉴욕에서 금방 전화할 거야"라고 말할 때 대사에서 직접 거명되기도 한다.

예산과 촬영

고다르의 초기 다섯 편의 장편 영화는 초저예산 제작의 표준이었다. 고다르는 《카이에 뒤 시네마》의 몇몇 동료 비평가들과 마찬가지로 할리우드의 스튜디오에서 미국식 대작 영화를 연출하는 것이 꿈이라고 종종 이야기하곤 했다. 〈경멸〉의 촬영 15년 후 몬트리올에서 강연이 있을 때 고다르는 이 영화에 대해 분명하게 밝히고 있다. "〈경멸〉은 나에게 재미있었던 주문 영화이다. 내가 많은 예산으로 대작 영화를 만들 수 있는 것에 감명을 받았던 것은 생전 처음이었다. 사실은 대다수의 돈이 바르도와 프리츠 랑·잭 팰랜스의 몸값이었기 때문에 영화로 보면 저예산이었다. 그러고 나니 내가 통상적으로 영화에 들어간 제작비의 두 배가 약간 넘는 20만 달러가 남았다. 이 성노의 제삭비는 당시에 나에게 많은 금액이었지만 대작 영화에 그리 많은 것은 아니었다. 그리고 이 영화는 기존의 소설이 원작이었고, 그것은 바로 내가 좋아했던 모라비아의 소설이었다. 그리고 나는 함께 영화 찍는 것을 탐탁하게 여기지 않았던 퐁티와 계약을 했고, 바르도는 일단 나에게 (…) 몇 가지 사항을 요구했다. 그리고 바르도가 무척 원하고 있는 것을 그에게 말했을 때 그도 무척 바라고 있던 바였다. 실제로 영화는 대성공이었다."

소설과 연관된 고다르의 증언들은 종종 상반된다. 그는 1963년 12월 20일자 《르몽드》지에서 이본 바비에게 이렇게 설명한 바 있다. "내가 모라비아의 소설을 읽은 것은 오래전이다. 주제가 내 마음에 쏙 들었고 내가 카를로 퐁티를 위해 영화를 만들어야 했기 때문에 그에게 〈경멸〉을 각색하는 데 장별로 이어서 각색할 것을 제안했다. 그는 처음에 동의했다가 불안했는지 거절했다. 그리고 내가 그에게 김 노박과 프랭크 시나트라를 출연시킬 것을 암시했을 때 그는 소피아 로렌과 마르첼로 마스트로이안니가 마음에 든다며 거절했다. 내가 원하던 바가 아니었다. 브리지트 바르도가 이 영화에 관심을 보이며 나와 함께 일하는 것을 수락한다는 것을 알게 될 때까지 나와 퐁티는 그런 상태로 남아 있었다. 바르도 덕택에 미국인들을 포함해서, 더 정확히 말해 영화의 제작비 일부를 투자했고 퐁티가 '아주 상업적'인 영화가 될 것이라고 확신을 주었던 조셉 E. 레빈까지 포함해서 모든 사람들이 만족해했다. 그래서 우리는 6개월 동안 이탈리아에서 편안하게 촬영할 수 있었다."

게다가 그는 장 앙드레 피에스키에게 이렇게 설명하기도 했다. "모라비아의 소설은 상황의 현대성에도 불구하고 고전적이고 낡아빠진 느낌이 많은 통속적이고 보잘것없는 대중 소설이다. 그러나 우리는 종종 이런 종류의 소설을 가지고 아름다운 영화를 만들 수 있다." (《카이에 뒤 시네마》, n° 146, 1963년 8월호)

고다르의 제1조감독 샤를 비치에 따르면 당시 약 5억 프랑의 예산 중 바르도의 몸값이 그 절반이었다. 다른 배우들은 영화의 일반 예산에서 남아 있는 것으로 지급되었다.

영화에서 볼 수 있는 프리츠 랑의 〈오디세이〉 촬영은 〈경멸〉의 촬영 조건에 대해 아주 정확한 생각을 부여하고 있다. 이것은 그들의 겸허함을 말해 주는 것이다. 실제 촬영은 32일이 걸렸다. 고다르의 이전 영화들보다 약간 더 걸린 셈이지만 1963년 대작 영화로서는 아주 적게 걸린 것이다. 당시 대작 영화의 촬영 기간은 8-12주 정도였다. 고다르는 스타급 배우들을 출연시켰다. 그 중에는 당시 가장 몸값이 비싼 프랑스 여배우와 어떤 직업적인 수준의 미국 남자배우도 있었다. 그렇지만 배급사는 고다르 자신이 프리츠 랑의 조감독을 맡는 아주 보잘것없는 단역을 포함하여 다섯 명의 배우로 한정하였다. 어떤 의미에서 〈경멸〉은 "어느 날 신비의 섬 무인도에서 베른이나 스티븐슨의 주인공들 이미지와 가까울 수 있는 서양 세계의 조난자들, 즉 현대성의 조난 생존자들의 스토리로 보일 수도 있다. 무인도의 신비는 냉혹하게 신비가 없다는 것, 즉 진실이다."(고다르, 1963)

영화의 모든 배경은 자연스럽다. 치네치타의 황량한 스튜디오는 실제로 며칠 전 붕괴된 티나누스의 스튜디오이다. 프로코시가 사는 로마 교외의 아피아 안티카를 경유한 별장은 도심의 아파트를 선호하는 바르도가 머물 수 있도록 처음으로 임대한 것이었다. 이곳은 촬영팀의 숙소로 사용되었다. 폴과 카미유의 아파트는 아직 분양되지 않은 새 아파트이다. 실버시네 극장은 며칠간 휴관해서 비싸지 않은 비용으로 촬영이 가능했던 교외의 보잘것없는 영화관이다. 여가수는 1960년대 이탈리아의 많은 대중 영화관에서처럼 막간에 프로그램된 흥행물이었다. 카프리의 별장은 그 당시 닫혀 있는 상태의 쿠르지오 말라파르트의 별장이었다. 왜냐하면 작가가 합법적인 가족의 열정으로 그곳에서 은퇴한 중국 작가들을 맞을 수 있도록 중국 정부에 이 별장을 유산으로 남겼기 때문이다. 그때 이탈리아 제작사는 촬영을 위해 이 별장을 며칠 동안 열 수 있는 해결책을 찾아냈다.(C. 비치, 1990)

고다르는 이 영화를 위해 아주 정확한 시나리오를 쓴다. 각기 다른 버전의 시나리오가 네 개 존재한다. 열다섯 개 시퀀스를 예견할 수 있는 10쪽쯤 되는 두 개의 시놉시스(1과 2로 번호를 붙일 수 있는),

열세 개의 시퀀스와 대사 요소들이 들어 있는 예순아홉 개의 시퀀스 분할(3), 여전히 열세 개의 시퀀스와 대부분 최종 대사들, 특히 104쪽 분량의 부부싸움 대사가 있는 콘티(4). 이것은 촬영 직전 백지에 휘갈겨 쓴 대사들을 적어 가져오는 즉석 대사작가 고다르의 전설을 진지하게 약화시키고 있다. 이런 지적은 영화 제작 조건들에 비추어 〈경멸〉의 연출에 적절한 것은 아니다. 〈기관총부대〉처럼 외견상 자유롭고 '즉흥 연출'한 영화도 우리가 영화의 편집담당 아네스 기유모가 보관하고 있는 작업 자료에서 확인할 수 있었던 것처럼 상세한 '시나리오가 마련되어' 있었다.

1차 편집 이후의 우여곡절

영화의 편집은 1963년 여름이 끝나갈 무렵에 끝났고, 이 영화는 9월 베니스 영화제에 출품되는 데 초점이 맞춰져 있었다. "나는 영화를 퐁티에게 보여주었다. 그는 영화가 마음에 든다고 했고, 내가 평상시 만든 것보다 약간 더 평이하다고 생각했다. 이것이 미국인 제작자들의 견해는 아니었다. 그들은 나중에 파리에서 의견을 표명하길, '영화는 아주 예술적이지만 상업적이지 못하기 때문에 바꿔야 한다.' 그때 퐁티는 나에게 한 신을 추가할 것을 요구했다. 그는 방법은 모르고 있었다. 나 역시 단호히 그럴 수 없다며 이렇게 말했다. '내 이름을 빼고 당신이 원하는 대로 해라.' 시간이 지나고 몇 달 후 미국인 제작자들은 돈을 잃은 것에 불만을 토로했다. 그들은 호텔방

―――당신들은 가장 쓸모없는 것 같은 쓰레기들이 때로는 참이라는 것을 알게 될 거야―――에서 두 신을 더 추가하고, 미셸 피콜리와 브리지트 바르도가 알몸으로 있는 것을 볼 수 있는 한 신을 얻어내기 위해 애원하다시피 했다. 그들은 영화의 오프닝에서 어떤 의미로는 경멸을 설명하고 정당화시킬 수 있는 러브신을 원했다."

결국 고다르는 생각에 잠겨 있다가 덧붙이길, "미국인 제작자들은 어려운 소설을 각색한 '특별한' 영화에서 브리지트 바르도가 그들에게 가져다 줄 수 있는 것에 비해 몸값이 너무 비싸다고 생각했던 것이다. 권태는 브리지트 바르도―――처음부터 그녀는 감수해야 했던 위험들을 받아들이며 계속 나를 지원해 주었다―――에게서 오는 것이 아니라 그녀가 여전히 영화와 영화 산업에서 표현하는 것에서 왔다. 말하자면 내가 미국인 제작자들에게 '그들이' 원하는 장면이 있다고 전화를 했을 때 그들은 아주 만족해했고, 그것은 내가 그들에게 마치 크리스마스 선물을 주는 것 같은 느낌이 들었다⋯."(고다르, 1963)

고다르는 10월달 내내 일련의 격렬한 토론과 등기우편으로 편지를 교환한 뒤 실제로 세 개의 보충 시퀀스를 촬영하였다. 그것은 영화의 첫번째 시퀀스(카미유와 폴의 유명한 사랑의 대화가 있는 장면 분할로 다섯 개의 쇼트), 영화의 중간 신의 짧은 편집에서 발견할 수 있는 일련의 '플래시' 쇼트(최종 편집의 쇼트 110-119), 끝으로 카미유는 침대에 누워 있고, 프로코시는 옷을 다시 입는 그녀를 바라보고 있는(최종 편집에는 없는 장면) 카프리 별장의 방에 카미유와 프로코시를 재현한 장면의 문제이다.

사실 고다르가 미국인 제작자에게 동의하고 양도한 시놉시스나 시나리오 차원에서 볼 수 있었으나 나중에 잘라 버린 장면들도 다시 복원될 수 있었다.

　　《르몽드》지의 이본 바비는 고다르에게 첫 장면을 촬영한 것에 대해 후회하지 않느냐는 질문에 이렇게 대답했다. "천만에. 누드 사건은 에로틱한 영화가 아닌 영화에 어울리지 않는 것이 아니라 그와 정반대이다. 브리지트 바르도의 모습이 이야기의 초반에 보일 수 있는 것이고 당연한 것이다. 왜냐하면 그 순간 그녀는 스크린에 옷을 벗고 있는 배역이기 때문이다. 그녀는 아직 시나리오 작가 폴 자발의 애처롭고 지적이고 진지한 부인 카미유가 아니다. 폴 자발은 어디선가——이것은 우연의 일치이다——대략 이렇게 말한다. '일상 생활에서는 옷을 입은 여자들을 볼 수 있고, 영화에서는 여자들이 벗고 있는 것을 볼 수 있다.' 다른 조건들 때문에 나는 이 장면을 거부할 수도 있었지만 여기서 그 장면이 다른 사건이 되고 단순히 침대 위에 있는 브리지트 바르도보다 더 비현실적이고 더 심오하고 더 심각한 분위기를 자아내도록 확실한 색깔로 처리해서 붉은색과 푸른색 조명을 사용했다. 영화는 현실을 미화시킬 수 있고 미화시켜야만 하기 때문에 나는 그 장면을 바꾸고 싶었다."

영화의 이력과 비평적 수용*

영화는 1963년 12월 27일 파리에서 개봉되었다. 이 영화는 코시노르에 의해 독점으로 다섯 개 영화관에 배급되었다. 첫날 관객수는 2천8백63명이었다. 영화는 파리에서 9주 동안 연속 상영되어 총 관객수는 23만4천3백74명(파리 독점 상영)이었다. 국립영화센터(CNC)의 통계에 의하면 7대 지방 주요도시에서 관객수는 14만3천7백4명에 달했다. 이것은 고다르 영화의 경우 분명히 훌륭한 상업적 결과이다. 그러나 여류스타 브리지트 바르도 주연의 영화로서 이것은 중간 정도의 수치이다.

물론 〈경멸〉은 〈진실〉 〈병사의 휴식〉의 이례적인 기록에 도달하

---

* 여기서 우리는 프랑스에 배급되고 고다르가 인정하고 서명한 버전에 대해서만 다루게 될 것이다. 감독이 부인하고 카를로 퐁티의 책임하에 재편집된 이탈리아 버전은 다른 영화음악과 다른 편집본을 포함하고 있다. 더 심각한 것은 모든 인물들이 이탈리아어로 더빙되었다. 그것은 전체적으로 고다르의 영화에서 근본적인 언어적 소통 불능의 테마를 파괴하고, 같은 언어로 다른 중심 인물들이 말하는 것을 반복하는 프란체스카란 인물을 이해하기 어렵고 우스꽝스럽게 만들고 있다.

스위스 시네마테크에 맡겨진 버전은 글씨 자막으로 앞자막을 제시하고 부부 침대 위에 카미유와 폴이 함께 있는 본래의 시퀀스를 포함하고 있지 않다. 다른 버전들이 어쩌면 미국에도 존재할지 모른다. 이런 현상은 배급자의 요청에 따르는 수정이 가능한 영화의 단순한 '판매업자'의 신분 규정 때문에 생각할 수 있는 것보다 훨씬 더 빈번하게 일어난다.

지는 못했지만 1963년 가장 좋은 흥행 수입을 올린 프랑스 영화들 중 7위를 기록하고 있다.

감독의 이전 모든 영화들의 경우와 마찬가지로 비평의 경향은 전체적으로 여론이 마치 고다르의 영화 세계에 바르도를 동화시킨 상대적 성공 때문에 약간 더 호의적이기라도 한 것처럼 아주 비판적이었다. 여러 신문들이 제작자들에 대해 고다르가 직면하게 된 문제들, 즉 조셉 E. 레빈과 카를로 퐁티와의 심한 갈등을 증명해 주고 있다.

루이 아라공, 클로드 올리에 같은 작가들의 개입으로 고다르의 방식이 다른 예술이 실행 영역에서 불러일으킨 관심이 드러나게 된다. 이것은 고다르가 영화 비평의 좁은 환경보다 다른 창작자들에게 더 이해가 잘되기 때문에 차후에 발견할 수 있는 현상이다(이런 점에서 관해서는 《고다르 효과》, 밀랑, 1989에 모아진 증거들 참조).

사실 언론에서 견해가 일치된다는 것은 있을 수 없다. 많은 '고다르 혐오자들'은 《피가로》《카나르 앙셰네》《캉디드》《파리 프레스》《카르푸르》등의 비평가들을 결집시킨다. 이런 신문들은 모두 〈기관총부대〉를 혹평했다.

《캉디드》의 비평가는 그의 지면에 "그들은 모두 동의하고 있다. 이 걸작은 최악이다"(1964년 1월 16일자)라고 제목을 달고 있다.

전문 월간지들의 비평은 이러한 구분과 유보 조항을 반영하고 있다. 르네 질송은 《시네마 64》에서 이 영화에 대해 아주 호의적인 비전을 제시하고 있지만 집필은 어떤 영화가 걸작이란 평가와 동시에 형편없다는 평가를 받게 된 것이 처음이라는 것을 분명하게 밝혀야

한다. 논쟁적 토론이 발표되고 이 영화의 훌륭한 팬 장 콜레와 더 신중한 피에르 비아르, 이론의 여지없이 적대적인 피에르 필리프와 필리프 에스노가 서로 대립되는 것을 알 수 있다.(《시네마 64》, n° 83, 1964년 2월호)

1963년 최고 영화들의 전통적인 인기도 순위에서 이 영화는 물론 《카이에 뒤 시네마》의 기자들과 독자들의 리스트에 오르게 된다. 기자들에게 이 영화는 제1위에 놓이기도 했다.

〈경멸〉은 1981년 10월에 재편집되어 여섯 개의 영화관에 배급되기에 이른다. 이 영화는 14주의 흥행 동안 약 7만 명의 관객을 동원하게 된다. 그것은 이런 유형의 재편집의 경우 예외적이다. 비평은 호평으로 거의 일관된다. 기호가 1960년대 고다르 영화들에 의해 형성되어 〈경멸〉이 등대 같은 영화라는 새로운 세대의 문제가 된다.

이 영화는 그 이후 비디오카세트로의 편집과 정규적으로 텔레비전에도 재방영되기에 이른다. 이때 이 영화는 자크 시클리에에 의해 작품으로 평가받게 된다.

장 루이 보리와 함께 〈경멸〉의 가장 열렬한 신봉자인 장 콜레는 1963년부터 감독에게 전문적 비평 저술을 마련해 준 최초의 저자이다.

이러한 연구는 오랫동안 영화인의 유일한 전문 서적으로 남게 된다. '고다르'에 대한 특별호 《카이에 뒤 시네마》(n° 300, 1979년 5월호), 《아르 프레스》(1984년 12월호, 1985년 1-2월호), 《르뷔 벨주 뒤 시네마》(1986년 여름호), 《시네막시옹》(1989년 7월호)과 에딜리주 출판사(1983)에서 레이몽 르페브르와 레르미니에 카트르 방 출판사

(1989)에서 마르크 세리수엘로, 리바주 출판사(1989)에서 장 뢱 두앵의 새로운 전문 서적이 다시 발표되는 것을 보고 비평에서 결국 고다르에게 그가 우리 시대의 예술 표현에 어울리는 위치를 인정하려면 〈할 수 있는 자가 구하라: 인생〉의 개봉과 고다르가 상업 영화관에 배급되는 영화로 복귀하게 되는 1980년대를 기다려야 했다.

시놉시스

　서른다섯 살쯤 되는 희곡작가 폴 자발은 미모의 처녀 전직 타이피스트 카미유와 결혼한다. 그들은 서로 사랑한다. 폴은 얼마 전 구입한 새 아파트의 값을 지불하려면 돈이 필요하게 되자 로마의 치네치타 스튜디오에서 독일의 노장 감독 프리츠 랑이 마무리중인 〈오디세이〉의 영화 버전을 더 상업적인 방향으로 고치기 위해 미국인 제작자 제레미 프로코시에게 고용된다. 통역자 프란체스카 바니니는 인물들이 같은 언어를 구사하지 못하기 때문에 그들을 동행한다. 제작자는 부부에게 자기 집으로 가서 한 잔 할 것을 제의한다. 폴은 택시를 타고 가겠노라며 부인을 프로코시의 차 알파 로메오에 엉겁결에 떼밀다시피 해서 태운다. 그들은 프로코시의 로마의 별장에 돌아가 있고 폴은 늦은 것에 대해 모호한 변명으로 발목이 잡힌다. 그는 통역자와 부적절한 친근성, 즉 카미유의 눈에 거슬리는 태도를 취하게 된다. 그들은 집으로 돌아온다. 폴의 서투른 행동과 그에게 결정을 맡기려는 카미유의 욕구(시나리오 각색의 승낙, 프로코시의 카프리로의 초대의 수용)에 근거한 긴 부부의 신이 이어진다. 이 신은 두 번의 전화, 즉 한 번은 카미유의 친정어머니의 전화로, 또 한 번은 프로코시의 전화로 중단된다. 이때 부부는 결별 일보 직전에 있게 된다.

그리고 나서 그들은 랑과 프란체스카, 프로코시를 다시 만나고 노시카 역을 연기할 수 있는 여가수를 보기 위해 영화관으로 향한다. 폴은 〈오디세이〉를 '정신분석학적'으로 해석하려는 프로코시를 지지하는 데 반해 프리츠 랑은 그에게 전혀 동의하지 않는다는 의사를 표명한다.

그들은 모두 카프리에 와 있다. 카미유와 폴이 주위에서 지켜보는 가운데 촬영팀은 영화의 한 쇼트, 키클로페스의 에피소드를 찍고 있다. 폴은 한 번 더 카미유가 제작자 프로코시와 함께 배를 이용해 별장으로 돌아가도록 강요한다. 그러는 동안 그는 〈오디세이〉에 대해 의견을 나누기 위해 랑과 걸어서 돌아오게 된다. 폴이 별장에 도착했을 때 카미유가 프로코시에게 노골적으로 행하는 키스에 당황하게 된 폴은 그때 시나리오 쓰는 것을 거절하겠다는 결심을 하지만 때는 이미 늦었다. 마지막 해명의 시도가 있고 나서 카미유는 알파 로메오를 이용해 로마로 돌아가는 프로코시와 함께 떠난다. 하지만 그들은 사고로 둘 다 죽게 된다. 폴은 아주 침착하게 촬영을 끝내려는 랑에게 작별 인사를 한다.

소설에서 영화로

앞서 살펴본 바와 같이 장 뤽 고다르는 모라비아의 소설이 프랑스에서 출간되자 아주 재미있게 읽었다. 이를 계기로 작가의 소설 작품의 애독자가 되었다.

참여문학작가 알베르토 모라비아

알베르토 핀셰를레라는 필명을 쓰는 알베르토 모라비아(1907-1990)는 베니스 출신의 유대인 아버지가 건축일을 하는 로마에서 태어났다. 〈경멸〉의 영화인 레인골드는 이탈리아인이 본 지적인 유대계 독일인의 풍자화에 해당한다는 것을 주목할 수 있다. 신기한 일은 모라비아가 책에서 자신이 단호하게 유대인이라고 말하는 것을 거부하고 있다는 것이다.

모라비아는 1929년 아주 젊은 나이에 첫 소설을 발표한다. 《무관심한 사람들》에서는 작가가 어떤 부르주아 여인을 신랄하게 비판했기 때문에 물의를 일으키게 된다. 1930년대에 모라비아는 기자로서 외국(미국 · 중국 · 그리스 · 멕시코)에서 수많은 탐방기사를 썼다.

1939년 그는 파시스트 정부의 유대인을 배척하는 급진사회주의법 때문에 그는 《라 가제트 델 포폴로》에 대독 협력을 중단할 수밖에 없었다. 그는 1940년대 카프리에 오랫동안 체류했다. 1941년 그는 여류 소설가 엘사 모란테와 결혼하여 그해 후반기 몇 달을 지하에서 보낸다.

1947년부터 모라비아는 기자로서 활동을 다시 시작하고 수많은 이탈리아 영화의 시나리오 작가가 된다. 그는 같은해 《로마의 여인》을 발표하여 상업적으로 처음 대성공을 거둔다. 1953년 그는 문학잡지 《누오비 아르고망티》를 창간한다. 피에르 파올로 파졸리니가 잡지에 공동으로 참여하게 되면서 그의 절친한 친구 중의 한 사람이 된다. 다음해 마리오 카메리니의 〈율리시즈〉 촬영 준비에 따라다니고 나서 《경멸》을 쓴다. 1955년 모라비아는 영화란을 담당했던 《에스프레소》지에 정기적인 공동 작업을 시작한다. 그의 기사들은 1975년 《알 시네마》(프랑스어로 '영화 30년')라는 제목으로 재출간되기에 이른다. 1953년부터 그의 소설들은 영화로 각색되어 〈창녀〉(마리오 솔다티, 1953)와 〈로마의 미녀〉(루이지 잠파, 1954)의 여주인공인 여배우 지나 롤로브리지다를 출연시키는 데 결정적인 역할을 한다.

모라비아의 작품들은 이탈리아 사회에 대한 비판적 탐구의 참여 문학의 출발점으로 간주된다. 그의 주요 인물은 종종 명석하면서도 사르트르의 《구토》와 카뮈의 《이방인》에 앞서 어떤 실존적 불안을 표현하는 무능한 부르주아 지식인이다. 그는 행동할 수 없고 행동하지 않으면 비난받아 마땅해서 그를 회피하는 세계에 적응하기 위해 헛된 노력을 끊임없이 계속한다. 사는 것에 대한 권태와 무관심은 모라비아 작품 세계의 핵심적 테마들이다. "〈경멸〉의 화자 리샤르는 1954년 소설과 1960년대 이탈리아 영화, 특히 〈정사〉(1960)에서 〈태양은 외로워〉(1962)에 이르기까지 안토니오니의 영화에 자주 등장하게 될 위기에 처한 그런 지식인들 중 최초의 지식인이다. 그는 창작의 무능력 때문에 〈밤〉(1961)의 주제 자체에 해당하는 감정적 실패의 가면을 쓰게 된다. 리샤르는 모라비아가 《무관심한 사람들》의 예언적 실존주의 이후 그의 작품의 최초의 장점이라고 항상 주장했던 때이른 불안과 전조를 실험하는 '소통 불능'의 최초의 주인공이다."(J.-M. 가르데르, 가르니에-플라마리옹판의 서문, 1989) 그래서 우리는 모라비아의 작품에서 소설의 이론과 '비판적 리얼리즘' 이론에 관한 마르크시스트 비평가 조지 루카스의 주장을 적용하는 특별한 영역을 볼 수도 있다.

1954년 모라비아가 소유했던 영화 세계의 경험 이외에 《경멸》에 가까운 원천 중 하나는 틀림없이 로베르토 로셀리니의 영화 〈이탈리아 여행〉의 주제이다. 로베르토 로셀리니의 영화 포스터는 고다르의 영화에 분명하게 나타나게 된다. 두 경우에 로베르토 로셀리니의 복음서의 교리에 맞는 버전에서는 화해된 운명이고, 모라비아의 버전에서는 파기된 운명으로 이탈리아 남부에 오랫동안 체류하는 위기에 처한 부부의 스토리와 관련이 있다. 작가는 이탈리아에서 영화가 개봉될 때 소설을 시작한다. 그리고 장 미셸 가르데르에 의해 부각된 당혹스러운 일치에 의하면 〈이탈리아 여행〉의 시나리오 작가는 시칠리아인 소설가 《멋진 안토니오》의 저자 비탈리아노 브랑카티이다. 브랑카티는 모라비아에게 《경멸》의 주제에서 그 자신의 비극적 사건을 인지하게 되었노라고 고백하기에 이른다. "《경멸》에서 당신은 내 이야기를 했다. 나는 연극을 만들고 싶은 작가이다. 그런데 내 아내가 자기 소유의 집을 원했기 때문에 시나리오를 쓰기 시작했다. 내가 이 집을 아내에게 사주게 되었던 날 아내는 나를 차버렸다." (J.-M. 가르데르의 인용)

각색의 문제

고다르는 모라비아의 소설을 각색하면서 로베르토 로셀리니의 원형으로 되돌아가는 것을 목적으로 하고 있다. 여기서 〈이탈리아 여행〉과 주제적으로 유사한 시퀀스를 참고한 〈경멸〉의 부부 생활의 긴신이 연유한다. 게다가 로베르토 로셀리니의 영화에서 나폴리 박물관의 매우 아름다운 조각상들이 촬영되었던 것처럼 긴 파노라마 촬영으로 이루어진 신들의 조각상들의 비슷한 모습도 연유한다. 스타일상으로 고다르는 안토니오니보다는 로베르토 로셀리니를 택하고 있다. 그가 이렇게 말할 때 작가의 유명한 금언을 이해해야만 하는 것도 이런 의미에서 그런 것이다. "나는 주된 소재(소설의)를 간직한 채 영화화된 것은 무의식적으로 쓰인 것과 다르고, 따라서 독창적(영화에서 프리츠 랑에 부여된 대사)이라는 원칙에서 출발하여 몇 가지 상세한 문제를 단순하게 바꿔 놓았다. (…) 나는 몇 가지 상세한 문제들, 예를 들면 책에서 스크린으로, 거짓 모험에서 진실로, 안토니오니의 무기력함에서 라라미의 위엄으로 옮겨가는 주인공의 변모

를 말하고자 했다."(고다르, 1963)

시나리오의 소개에서 고다르는 미장센의 원칙을 자세히 설명하고 이렇게 결론짓는다. "누구나 세계와 다른 사람들에 대한 인물들의 개인적 감정——타인과 직면해 실존에 대해 갖는 육체적 감정——을 갖게 되고 동시에 그들의 행동과 몸짓, 그들의 관계, 요컨대 그들의 이야기나 모험의 외적 진실을 얻어낼 수 있기를 바란다. 요컨대 만드는 것의 문제는 안토니오니의 영화를 성공시키는 것이다. 다시 말해 그의 영화를 혹스나 히치콕의 영화처럼 촬영하는 것이다."

모라비아의 《경멸》은 일인칭으로 쓰인 주관적 이야기로 나타난다. 이 소설은 짧은 스물세 개의 장, 즉 고전적 구조의 영화 시퀀스에 해당하는 숫자로 분할되어 있다. 고다르는 소설을 장에 따라 각색할 의도라는 정보를 카를로 퐁티에게 주었다는 것을 상기할 필요가 있다. 스물세 개의 장은 감각적으로 동등하게 크게 2부로 배분되어 있다. 1부는 로마에서 10월부터 7월까지 9개월간의 시간을 다루고 있는데 부부의 과거 회상 2년을 포함하고 있고, 2부는 카프리에서의 2박 3일을 다루고 있다. 1부의 열한 개 장은 연역적이고 분석적인 성격의 논리심리학적인 기술을 택하고 있다. 2부는 훨씬 더 형이상학적이고 환상적이다. 이러한 몽환적인 구절들에 대해 영화에서는 약화시키고 작별의 메시지를 읽는 카미유의 목소리를 꿈속에서처럼 듣는 폴의 모습이 보이는 쇼트만 남는다.

화자 리샤르 몰테니는 자기를 이렇게 소개한다. "이때까지 나는 스스로 지식인, 교양인, 희곡작가로 생각했다. 희곡은 항상 큰 열정을 품고 있었고 타고난 자질로 구상된 것이라고 생각했던 예술 장르이다."(3장) 외상으로 아파트 구입을 결정하고 나서 다행히도 그는 이탈리아의 상업 영화 제작자 바티스타를 만난다. 몰테니는 돈벌이를 이유로 그를 위해 작업할 것을 받아들인다. "나는 아파트 구입비를 지불하기 위해 네다섯 개의 시나리오를 쓰고 싶다. 그러고 나서 저널리즘과 나의 본분인 희곡으로 다시 돌아가고 싶다." 몰테니가 바티스타를 통해 더 야심에 찬 역사물 영화 제작, 즉 〈오디세이〉의 대작 영화 각색을 위해 독일의 영화감독 레인골드와 공동 제작을 제안하게 되는 것은 두 편의 시나리오를 고치는 중인 이야기의 80쪽 이후 8장에서이다.

모라비아의 이야기는 몇 달에 걸쳐 전개된다. 이것은 리샤르와 에밀리(모라비아의 소설에서 부인의 이름) 부부의 점진적인 관계 악화, 즉 화자의 어떤 묵인, 아마도 고다르가 '안토니오니의 무기력함'을 규정짓는 것을 나타내는 긴 분석적인 전개로 묘사된 악화에 집중되어 있다.

영화의 정체에 관한 토론은 1부에서 아주 적은 부분을 차지한다. 2부에서는 카프리에서 긴 이론적 논쟁으로 레인골드와 몰테니가 대립된다. 독일인 감독은 율리시즈의 때늦은 귀환의 정신분석적 특성의 해석을 옹호하는 반면, 몰테니는 이에 대해 호메로스식의 모델에 비타협적인 충실성을 고려하여 강력하게 반대한다. 그러나 〈오디세이〉의 이러한 해석은 에밀리를 페넬로페의 모습(사진 2)으로 변화시키면서 부부의 상황을 호메로스식 커플의 상황으로 접근시키는 화자에게 조금씩 영향을 미친다. 바로 뒤에서 볼 수 있는 바와 같이 고다르는 감독 프리츠 랑에게 고전적 버전에 충실한 특전을 부여하면

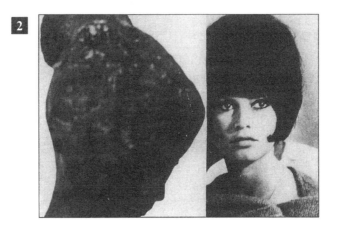

서 두 인물의 주장을 바꿔 놓는다.

고다르가 실행한 각색은 본래 이야기의 주요 서술적 에피소드들을 그대로 따르고 있다. 대부분의 중요한 신들은 모라비아의 소설에서도 나타난다. 예를 들면 두 이야기의 시작 부분, 즉 몰테니가 택시를 타게 되는 동안, 그리고 카프리로 출발할 때 바티스타가 그의 부인과 이동하는 동안 몰테니가 레인골드를 동반하는 중에 에밀리를 태우고 가는 바티스타의 붉은색 자동차의 에피소드이다. 하지만 고다르는 여러 가지 근본적인 변화에 몰두한다.

1. 고다르는 이야기를 하루는 로마에서, 또 하루는 카프리에서 이틀간으로 압축한다. 사건들은 소설의 구조를 비극으로 바꾸면서 훨씬 더 갑작스럽고 준엄하게 연결된다. 우리는 극적 구조로 이루어진 부분에서 이러한 압축을 분석하게 될 것이다.

2. 고다르는 인물들의 국적을 완전히 바꾸었다. 사건은 항상 로마와 카프리를 배경으로 설정되지만 유일한 이탈리아인 인물은 몰테

니가 소설에서 선택한 비서의 순간적인 실루엣(참고한 것을 확실히 나타내기 위해 스탕달과 로셀리니식의 성으로 프란체스카 바니니)에서 완전한 인물로 만들어 낸 여자 통역자뿐이다. 물론 감독은 그대로 독일인이지만 모라비아의 소설에서 G. W. 파브스트의 몇 가지 특징을 그대로 가지고 있는 레인골드는 감독 역을 직접 연기한 프리츠 랑이 된다. 모라비아의 소설에서 카를로 퐁티의 모습인 바티스타는 1950년대 세대, 즉 쇠락한 할리우드의 파괴자 세대 미국인 제작자 제레미 프로코시가 된다. 리샤르와 에밀리는 이탈리아인이 아니라 결혼한 이후 로마에 사는 프랑스인이다. 이것은 시나리오에 분명하게 드러나고 있다. "이 결혼은 몇 주 동안 카미유가 로마에서 바캉스를 보낸 뒤 이루어졌다." 리카르도는 폴이란 이름이 붙여지고 에밀리는 몰테니라는 성이 자발로 바뀌면서 카미유가 된다.

3. 그래서 고다르는 랑에게 호메로스에 충실한 주장을 부여하고, 시나리오 각색가를 정신분석적 충동의 치정의 사건으로 변형된(부분적으로 카메리니 영화의 시나리오를 토대로 각색이 이루어진 프로이트의 견해에 가까운 아주 할리우드적인 버전에서) 당시 충행의 상업화의 조작에서 제작자와의 공범으로 만든다. 그는 모라비아가 아주 분명하게 단테와 호메로스를 연관시키면서 제안한 것을 고수하며 새로운 문화를 참고하는 것, 특히 횔덜린을 덧붙이고 있다. 그렇지만 그는 《칸초니에레》가 모라비아의 이야기 전체를 구성하는 페트라르카와 몇 편의 시가 모라비아에 의해 암묵적으로 인용된 지아코보 레오파르디뿐만 아니라 레인골드와 몰테니가 논쟁을 벌인 제임스 조이스(《율리시즈》, 그건 자명하다)와 오닐(《상복이 어울리는 엘렉트라》)과 연

관이 있는 것들을 제거하고 있다. 고다르는 특히 영화에 고전영화사 (그리피스 · 채플린, 예술가 집단)와 극영화가 발전되고 있을 때, 즉 모라비아 소설에서는 1950년대 중반 결정을 내리지 못한 상태로 고다르의 영화에서는 아주 정확하게 1963년 봄 〈사이코〉와 〈하타리〉〈바나나 바니니〉의 상업적 개봉 이후 영화 산업의 상황을 참고로 하고 있다.

4. 소설에서 몰테니는 〈오디세이〉를 각색하는 시나리오 계획을 레인골드와 구상하기 위해 바티스타의 부름을 받는다. 영화는 여전히 에밀리가 죽은 뒤 소설의 결말에서 시작되지는 않는다. 바티스타는 이야기에서 실아남는 반면 고다르는 프로코시와 카미유를 함께 죽게 만든다. 고다르의 영화에서 랑은 촬영중이다. 그는 이미 촬영된 에피소드의 러시필름을 보고 있다. 폴은 작가주의 영화감독과 폭군 같은 제작자 사이에 심한 갈등에 따라 이미 촬영이 시작된 영화의 시나리오를 고치도록 프로코시의 부름을 받는다. 시나리오의 소설은 촬영 영화가 된다. 이러한 촬영으로 작가는 작업중인 연출팀을 재현하고 연출자의 조감독역을 떠맡게 된다. "영화에서는 폴이 참여해야 하거나 쓸 수밖에 없는 후일 시나리오의 문제가 아니라 제작자가 만족하지 못해 몇 개의 시퀸스를 다시 촬영하게 만들고 싶어하는 이미 거의 촬영이 끝나가는 영화의 문제이다. 이러한 시퀸스들의 몇 개, 혹은 이미 촬영된 시퀸스들은 '오디세이의 사건'과 우리의 이야기에 대한 그 영향에 더 많은 '신빙성'을 주게 된다. 폴의 캐릭터로 말하자면 이것 또한 중요하다. 왜냐하면 소설과 반대로 영화는 〈오디세이〉의 로마와 복구의 개념을 옹호하게 되기 때문이다. 사실 그

것은 믿을 수 없게 되지만 타인들 앞에 빛을 발하고 명확히 하려는 욕구 때문에 그러는 것이 논리적인 것처럼 보일 수 있을 것이다."(고 다르, 《〈경멸〉의 시나리오》, 1963)

시퀀스의 흐름

영화의 장면 분할

타이틀 자막: 쇼트 1-3(16초)*

설명 자막: 쇼트 4(1분 47초)

시퀀스 1: 프롤로그. 쇼트 5(3분 7초)

실내, 인공 조명. 카미유와 폴 부부가 침대에 누워 있다. 카미유가 폴에게 묻고 그는 간결하게 대답한다. 폴은 카미유에게 "전부 아주 끔찍할 정도로" 사랑한다고 말한다.

시퀀스 2: 쇼트 6-9(5분)

---

* 나는 영화의 첫 자막(영화심의 인증번호 n° 27.515)에 번호를 매기기 시작했다. 더구나 그 자막은 어떤 복사본도 존재하지 않았다. 그래서 영화의 첫번째 쇼트 설명 자막은 쇼트 4라는 번호가 붙여졌다. 1986년과 1988년 《라 르뷔 벨주 *La Revue belge*》지에 발표된 글에 처음으로 내가 앞자막의 첫번째 세 개의 자막에 01, 02, 03이란 번호를 매기고 설명 자막에 숫자 1을 붙였다. 거기서 위의 글에 인용된 쇼트들과 현재 연구에서는 세 개의 숫자 차이가 생긴다.

여기서 표기된 지속 시간에서 약 1-2초는 개략적인 것이다. 그 시간은 비디오 복사본에서 클로노미터로 측정된 것이다.

치네치타, 실외, 낮. 폴이 치네치타 스튜디오 거리에 도착해서 프란체스카 바니니를 찾는다. 프란체스카는 폴을 제작자 제레미 프로코시에게 데리고 가서 그의 말을 한마디씩 통역해 준다. 그러고 나서 그들은 영사실로 간다. 폴과 카미유는 걸어가고 제레미는 스포츠카(붉은색 알파 로메오)로 이동한다.

시퀀스 3: 쇼트 10-40(9분 54초)

치네치타, 실내, 낮. 영사실 안. 프란체스카와 폴, 제레미는 〈오디세이〉의 러시 필름을 보고 있는 감독 프리츠 랑을 만난다. 영사가 끝나고 제레미가 화를 내자 프리츠 랑은 아무 일도 없는 듯 말없이 지켜본다. 프로코시는 프리츠 랑이 연출한 영화의 시나리오를 수정하기 위해 폴에게 수표를 내민다. 폴은 수표를 받아 주머니에 넣는다.

시퀀스 4: 쇼트 41-49(3분 27초)

치네치타, 실외, 낮. 모든 인물들이 영사실에서 밖으로 나온다. 카미유는 남편 폴을 만난다. 폴은 그녀를 프리츠 랑과 프로코시에게 소개한다. 프로코시는 그들에게 자기 집에서 한 잔 하자고 초대한다. 그는 카미유가 자기 차를 타도록 강요한다. 그녀의 남편 폴은 택시로 그들을 뒤따라간다. 폴은 부인에게 수락할 것을 종용한다. 넵투누스 조각상이 나타난다.(쇼트 49)

시퀀스 5: 쇼트 50-77(4분 38초)

로마 근교의 프로코시의 별장, 실외, 낮. 폴은 별장의 정원에서 기다리고 있는 카미유와 프로코시를 만난다. 폴은 늦게 된 이유와 택시를 잡는 데 어려웠다고 설명한다. 카미유는 제작자의 조롱기 섞인 시선에 불쾌함을 드러낸다.

시퀀스 6: 쇼트 78-79(2분 37초)
프로코시의 별장, 실내. 폴은 손을 씻으러 집 안으로 들어간다. 그는 프란체스카를 발견하고 그녀의 기분을 풀어 주기 위해 이상한 이야기, 즉 라마크리스나 신봉자에 대한 이야기를 한다. 그는 그녀의 엉덩이를 살짝 두들긴다. 그때 카미유가 안으로 들어온다. 폴은 로마 회화책을 넘겨보는 프로코시를 발견한다.

시퀀스 7: 쇼트 80-83(3분 20초)
프로코시의 별장, 실외, 낮. 인물들은 정원에서 대화를 나눈다. 프로코시는 카미유와 폴을 저녁 식사에 초대한다. 카미유는 거절한다. 그때 프로코시는 그들을 카프리에 초대한다. 폴은 프로코시에게 자신의 영화적 기호를 설명한다.
카미유와 폴은 별장에서 나와 택시를 잡기 위해 걷는다. 미네르바 조각상이 나타난다.(쇼트 83)

시퀀스 8: 쇼트 84-85(1분): **실외, 로마 거리.** 쇼트 86-128(29분 37초): **폴과 카미유의 아파트 실내.**
카미유와 폴은 자신들의 아파트를 향해 걸어간다. 폴은 신문에서 영화 프로를 보고 있다.

그들은 아파트 안에 들어와 있다. 아파트는 내부 장식중이다. 그들은 이야기를 나누면서 차례로 목욕을 한다. 카미유는 갈색 가발을 써본다. 그녀는 이것을 다음 시퀀스에서 잠시 쓰게 된다. 그들은 프로코시의 카프리 초대를 받아들여야 할 것인지 생각해 본다. 카미유는 폴에게 마틴은 바보라고 말한다. 폴은 카미유의 뺨을 때린다. 그들은 다시 제레미와 그들의 초대에 대해 이야기를 나눈다. 카미유의 어머니에게서 전화가 온다. 폴이 먼저 전화를 받고 카미유를 바꿔준다. 그녀는 폴을 방에서 쫓아낸다. 카미유는 폴에게 이제부터 거실의 쇼파에서 자고 싶다고 말한다. 싸움이 커진다. 카미유는 폴의 바지 주머니에서 이탈리아 공산당원증을 발견한다. 폴은 에로틱한 장면들이 묘사된 로마 프레스코화가 실린 책을 뒤적인다. 그는 책의 한 대목을 읽다가 프리츠 랑에 관한 책을 읽으면서 목욕하고 있는 카미유에게 간다. 폴은 카미유에게 이제 사랑을 나누는 것도 원하지 않는지 묻는다.

이때 시퀀스가 대부분 알몸의 카미유를 보여주는 짧은 몽타주 쇼트로 중단된다.(시퀀스 8 시작후 18분 12초) 카미유와 폴의 목소리가 교대로 몽타주에 실린다.

폴은 잠시 후 교대로 몽타주에 실린다.

다시 전화벨이 울린다. 이번에는 카프리로의 초대를 되풀이하는 프로코시의 전화이다. 폴은 영화관으로 프로코시와 랑을 만나러 가기로 결정한다. 다시 설명하려는 새로운 시도가 흰 갓이 씌워진 탁자등을 가운데 두고 이루어진다. 폴은 질문을 퍼부어 카미유를 괴롭게 만든다. 그는 카미유가 일어서려 할 때 거칠게 붙잡는다. 그녀는 폴의 뺨을 때리면서 몸부림친다. 두 사람은 아파트에서 밖으로 나온다.

폴은 나오기 전 책꽂이의 책 뒤에 숨겨 놓았던 권총을 찾아 가지고 이미 카미유가 타고 있는 택시에 올라탄다.(쇼트 129-130, 30초)

시퀀스 9: 쇼트 131-132(20초): **실외, 밤. 쇼트 133-140(5분 11초): 실내 영화관**(사진 3) **이어서 실외 영화관 앞.**

카미유와 폴은 여가수가 노시카역에 어울리는지 알아보기 위해 와 있는 프로코시와 프리츠 랑을 가서 만난다. 여가수는 〈24000 바시〉라는 제목의 노래를 플레이백으로 부르고 있다. 프로코시는 랑의 각색과 근본적으로 다른 〈오디세이〉의 각색에 대한 생각을 상세하게 설명한다. 폴은 프로코시를 지지한다. 그들은 밖으로 나와 영화관 앞에서 잠시 이야기를 나눈다.(쇼트 140) 상영중인 영화는 〈이탈리아 여행〉이다. 이 영화의 포스터가 아주 선명하게 보이고 있다. 프로코시는 다시 부부를 카프리에 초대하고 싶다고 집요하게 말한다.

시퀀스 10: 쇼트 141-151(3분 52초)

카프리, 실외, 낮, 선상. 〈오디세이〉의 촬영팀이 한 쇼트를 준비하고 있다. 카미유는 촬영 준비를 하는 광경을 유심히 바라보고 있다. 폴은 의자에 앉아 있다. 조감독이 단역들의 동선을 지도하고 있다. 프로코시는 카미유에게 폴을 돌아오는 길에 랑과 이야기를 나누도록 놓아두고 자기와 별장으로 돌아가길 바라고 있다. 폴은 카미유가 그렇게 하도록 부추기고 있다. 프로코시의 모터보트가 움직이기 시작한다. 넵투누스 조각상의 출현.(쇼트 151)

시퀀스 11: 쇼트 152-154(3분 16초)

카프리, 실외, 낮, 가로수길. 랑과 폴은 걸어가면서 이야기를 나눈다. 그들은 〈오디세이〉의 각색에 대한 다른 생각을 서로 설명하고 있다. 그들은 별장에 가까이 와 있다. 멀리 화면 영역의 후경으로 별장의 테라스에 카미유의 그림자가 보인다.

시퀀스 12: 쇼트 155-158(2분 30초)

카프리, 테라스와 별장 실내의 교차. 카미유는 테라스에 서서 크게 팔을 흔든다. 그녀는 화면 영역에서 빠져나가 잠시 후에 나타나 그녀를 부르는 폴과 마주치지 않는다. 그는 그녀를 찾는다. 카미유와 프로코시는 별장 창틀의 가장자리에 앉아 있다. 카미유는 프로코시와 키스를 한다. 폴은 테라스로 몸을 구부려 두 사람을 유심히 바라본다. 그는 갑자기 계단을 내려와 랑과 프란체스카와 마주쳐 지나간다.

시퀀스 13: 쇼트 159(4분 10초)

카프리, 별장의 실내. 별장 거실(사진 4)에 다섯 명의 주요 인물들이 모인다. 이때 폴은 제레미에게 〈오디세이〉의 시나리오 수정을 이제 하고 싶지 않게 되었다고 열을 올리며 설명하고 있다. 카미유와 랑은 조롱기 섞인 시선으로 폴의 태도를 유심히 살피고 있다.

시퀀스 14: 쇼트 160-168(6분 55초)

카프리, 외부, 낮, 별장의 테라스와 계단. 폴은 별장에서 나와 카미유를 찾는다. 카미유는 테라스에서 알몸으로 배를 깔고 엎드려 일광욕을 하고 있다. 폴은 다시 해명을 시도한다. 카미유는 일어나 노란색 타월로 된 화장복을 입고 계단을 내려와 바다를 향한다. 폴은 그녀를 뒤따라간다. 그들은 잠시 계단 한가운데 앉는다. 폴이 짐을 꾸려 별장을 떠나자고 말한다. 카미유는 폴과 떠나는 것을 거절한다. 그녀는 화면 영역에서 사라져 바다 속에 들어가 있다.

생략: 폴은 바위에 기대어 마음을 가라앉히고 있다. 그에게 출발을 알리는 카미유의 목소리가 들린다.

시퀀스 15: 쇼트 169-173(2분 28초)

로마로 가는 길의 주유소, 실외, 낮. 정거장에 있는 프로코시와 카미유의 모습을 롱테이크(쇼트 169, 1분 30초)로 길게 잡고 이어서 카미유가 폴에게 전하는 메시지와 움직이기 시작하는 자동차의 영상이 인서트로 교차된다.

생략. 프로코시의 붉은색 자동차가 주유소에 도착한다. 프로코시와 카미유가 차에서 내린다. 프로코시는 카미유에게 파리에 가서 무슨 일을 할 것인지 묻는다. 전속력으로 달리는 자동차 소리가 들리고 이어서 브레이크 파열음과 마찰음이 들린다. 그러고 나면 트레일러 트럭에 끼인 알파 로메오 자동차가 보인다. 프로코시와 카미유는 자동차 앞좌석의 좌우측으로 고개를 떨군 채 움직이지 못하고 죽어 있다.

시퀀스 16: 쇼트 174-175(2분 45초)

카프리, 별장의 테라스, 외부, 낮. 폴은 양복차림에 짐가방을 들고 계단을 올라 테라스로 향한다. 그는 프란체스카와 마주쳐 지나가며 인사를 하지만 그녀는 못들은 체한다. 그는 랑의 촬영팀이 율리시스가 조국을 다시 바라보게 될 때의 첫 시선을 보여주는 쇼트의 촬영을 준비하고 있는 테라스에 올라온다. 폴은 영화를 계속 찍고 있는 랑에게 작별 인사를 한다. 카메라는 바다를 응시하고 있는 율리시스의 뒷모습을 찍고 있다. 그의 시선에 일치시켜 바다와 하늘, 허공과 푸른색을 화면으로 구성한 파노라마 쇼트.

'끝' 자막. 쇼트 176(17초)

시퀀스의 도식

시퀀스		쇼트	지속 시간	장소	등장 인물
		1-3	00:16		타이틀 자막
		4	01:47	치네치타 실외, 낮	프로란체스카, 찰영팀
I. 치네치타	1	5	03:07	아파트 실내, 밤	카미유, 폴
	2	6-9	00:05	치네치타 실외 실외, 낮	폴, 프로란체스카, 그리고 제레미 프로로그시
	3	10-40	09:54	치네치타 실내, 낮	폴, 프로란체스카, 프로로그시, 랑, 스크립터, 영사기사, 울리시즈, 페넬로페, 구혼자, 찰영팀
	4	41-49	03:27	치네치타 실외, 낮	폴, 프로란체스카, 프로로그시, 랑, 카미유
II. 프로로그시의 로마 별장	5	50-77	04:38	별장 실외, 낮	카미유, 프로로그시, 그리고 폴과 프로란체스카
	6	78-79	02:37	별장 실내, 낮	폴, 프로란체스카, 그리고 폴, 그리고 프로로그시
	7	80-83	03:20	별장 실외, 낮	폴, 카미유, 프로로그시, 프로란체스카
III. 로마의 아파트	8	84-85	01:00	로마 거리, 낮	폴, 카미유
		86-128	29:37	아파트 실내, 낮	폴, 카미유
	9	129-130	00:30	로마 거리, 낮	폴, 카미유
		131-132	00:20	로마 거리, 낮	폴, 카미유
IV. 영화관		133-139	04:50	영화관 실내, 낮	폴, 카미유, 랑, 프로로그시, 프로란체스카, 여가수, 사진기사

구분		장면	쪽	시간	장소	등장인물
			140	00:21	실외, 영화관 앞, 밤	폴, 카미유, 프로코시, 랑, 프란체스카
V. 카프리	10	141–151	03:52	카프리, 배, 실외, 낮	폴, 카미유, 프로코시, 랑, 프란체스카, 랑, 조감독, 폴
VI. 로마로 향하는 길	11	152–154	03:16	카프리, 길, 실외, 낮	랑, 폴
	12	155–158	02:30	카프리, 테라스, 계단, 별장, 실외, 낮	카미유, 프로코시, 폴
	13	159	04:10	카프리, 별장 실내, 낮	폴, 카미유, 랑, 프란체스카, 프로코시
	14	160–168	06:55	카프리 실외, 낮, 테라스와 계단	폴, 카미유
	15	169–173	02:28	주유소 실외, 낮	프로코시, 카미유
VII. 카프리	16	174–175	02:45	카프리 실외, 낮, 테라스, 계단, 별장	폴, 프란체스카, 랑, 촬영팀, 올리시즈
	17	176	00:17	끝자막	

구조, 사건, 드라마투르기(극작법)

본래 장 뤽 고다르는 영화를 2부로 나눌 계획이었다. '시놉시스'와 '영화일반론'을 소개하면서 분명하게 말하길 "영화는 전체적으로 이탈리아에서 진행되기 때문에 다른 이탈리아 영화와 마찬가지로 극석으로 2부로 나누어질 것이다. 이탈리아 버선과 마찬가지로 다른 버전들에서, 즉 이탈리아에서처럼 막간이 없는 나라들에서는 그래도 제1부의 끝을 예고하는 자막이 있을 것이다. 2부는 사건이 일어나는 두 장소, 로마와 카프리가 된다."

완성된 영화에서 제1부의 끝자막은 분명히 사라지지만 쇼트 140과 쇼트 141 사이에 리듬과 시각적인 아주 명확한 중간 휴지로 남는다. 전자의 쇼트는 영화관에서 나오는 인물들을 잡은 밤의 익스트림 롱쇼트이고, 후자의 쇼트는 카프리에서 〈오디세이〉의 촬영중 정면으로 해가 내리쬐는 배에 앉아 있는 카미유의 클로즈 쇼트이다.

그렇지만 고다르는 촬영할 때 폴과 카미유의 아파트 장면(시퀀스 8)을 30분 가까이 될 정도로 신중하게 늘렸기 때문에 완성된 영화에서 일반적 구성은 2부가 아니라 **크게 3부**로 이루어지게 된다. 제1부는 영화가 시작해서 폴과 카미유가 프로코시의 로마의 별장에서 나와 그들의 아파트로 들어가는 부분까지이고, 제2부는 영화관의 시퀀스를 포함해서 아파트 시퀀스로 구성되며, 제3부는 전체가 카프리에서 전개된다.

영화의 구조는 여전히 열다섯 개 시퀀스를 중심으로 시놉시스와 장면 분할 단계로 바뀐다. "책보다 영화에서 예순 개에서 약 열다섯 개(신과 장을 혼동하지 마라)로 장면들이 적어지지만 장면들은 **시간이 더 길어질** 수도 있다. 다시 말해 장면들의 시간, 즉 **창조적**이고 극적인 변화에서 감정들이 강조될 수도 있다.

영화의 구성

영화의 일반적 구성은 장소들을 중시한다. 지속 시간과 관련해서 사건은 임의로 2일, 첫날은 로마에서, 둘째 날은 카프리에서 다음날이나 그 다음날로 압축된다. "이런 사건의 **시간**은 소설과 반대로 하나의 **공간**에서 몇 달로 분할되는 것이 아니라 **지속 시간**에서 며칠로 분할되지 않는다. 다시 말해 통상적 의미의 중간 단계 장면들이 없을 수 있지만 나는 같은 장소에서 장면들을 최대한 계속될 수 있도록 노력할 것이다."

이 장소들은 1. 치네치타. — 2. 로마의 별장(정원과 실내). — 3. 폴과 카미유의 아파트. — 4. 실버시네 극장. — 5. 카프리에서의 실외(배, 별장으로 가는 길, 층계, 테라스)와 실내. — 6. 주유소이다.

이 여섯 개의 주요 장소들이 영화 전체를 구성하고 있고 그 중 세 개의 장소, 치네치타와 로마의 아파트, 카프리가 중심이 된다. 사실 지속 시간의 관점에서 보면 영화는 3부로의 구성을 확고하게 만들고 있다. 영화의 구성은 다음과 같다.

— **앞자막**(쇼트 4, 1분 47초), **프롤로그**(쇼트 5, 시퀀스 1, 3분): 경멸 이전의 폴과 카미유.

— **제1부. 고전 영화의 죽음**(쇼트 6-83, 약 29분): 지속 시간이 18분 23초쯤 되는 치네치타 전체(우리가 쇼트를 나눈 **시퀀스 2-4**), 여기에 로마 별장의 더 짧은 전체(지속 시간이 10분 35초인 **시퀀스 5-7**)를 추가할 수 있다.

— **제2부. 부부의 위기**(쇼트 84-140, 약 34분): 폴과 카미유의 아파트(**시퀀스 8**, 29분)와 영화관의 시퀀스(**시퀀스 9**, 5분) 추가.

— **제3부. 신의 시선으로 본 비극적 운명**(쇼트 141-175, 약 26분): 이 부분은 **시퀀스 10-16**을 통합해서 카프리 전체를 공간적 하위 단위, 즉 배(**시퀀스 10**), 별장으로 가는 길(**시퀀스 11**), 테라스와 계단(**시퀀스 12**), 별장의 거실(**시퀀스 13**), 바다로 향한 테라스와 계단(**시퀀스 14**), 주유소(**시퀀스 15**), 다시 테라스와 계단(**시퀀스 16**)으로 나누어지고 있다.

이 영화는 프롤로그 다음에 크게 3부(앞장의 시퀀스의 도식 참조)로 구성되어 있다.

— **제1부**는 주요 인물들, 시나리오 작가-제작자-감독의 트리오, 폴과 카미유 부부를 소개한다. 이 부분은 미학적 쟁점과 부부의 쟁점을 제시한다. 이 부분은 치네치타의 무대장치들, 〈오디세이〉의 러시 필름 상영과 같이 영화의 세계를 아주 잘 보여주고 있다. 이 부분

의 시간은 29분이다.

— **제2부**는 우선 영화를 사생활에서 마주하고 있는 폴과 카미유 부부의 위기에 다시 초점을 맞추기 위해 랑과 프로코시를 퇴장시킨다. 그러나 영화의 세계는 여전히 그대로(프로코시의 전화로의 개입)이다. 이것은 실버시네 극장으로 일행을 다시 만나러 가는 폴의 결정으로 확인된다. 이 부분의 시간은 34분이지만 아파트에서만의 장면은 전체로 볼 때 정확하게 제1부와 같은 시간이다.

— 카프리에서의 **제3부**는 부부 생활에서 영화의 세계로 다시 돌아온 것을 나타낸다. 폴과 카미유는 촬영중인 그 틈에 끼어 있다. 본래의 커플로 다시 분리되어 있다. 폴은 랑과 이야기를 나누고 있고, 카미유는 프로코시와 함께 있다. 영화는 카미유와 프로코시 커플의 죽음으로 끝난다. 프리츠 랑만 혼자 남는다. 고전 영화는 살아남아 승리한다. 제3부의 시간은 26분이다.

여정과 리듬의 생략: 신들의 시선

전체적인 구조는 중간 단계의 시퀀스, 그리고 일반적으로 모든 여정의 시퀀스가 없는 것으로 확인될 수 있다. 영화의 시작 부분에서 폴은 정말 그가 어디서 오는지 알 수 없게 치네치타에 도착한다.(쇼트 6) **시퀀스 4**의 끝부분에서 두 개의 쇼트(**쇼트 46-48**)는 치네치타를 떠나는 폴을 보여준다. 그는 달려가며 "카미유!"라고 큰 소리로 부른다. 프란체스카가 자전거를 타고 뒤따라온다. 그들이 오는 과정이나 택시를 잡는 모습 대신에 팔을 들어올리는 위협적인 넵투누스의 이미지(쇼트 49)를 보여준다. 하나의 쇼트(쇼트 50) 역시 빠르게 아피아 안티카의 별장에 도착하는 모습을 보여준다. 그때 그는 택시에서 내린다. 좀 뒤로 가서 단 하나의 쇼트(쇼트 82)는 카미유와 함께 별장의 정원에서 나오는 그의 모습을 보여준다. 잠시 후 미네르바의 이미지가 두 사람을 향해 고개를 돌린다.(사진 5)

이어서 두 개의 새로운 거리의 쇼트(쇼트 84-85)가 보이고 그들은 자신들의 아파트 앞에 도착한다. 아파트에서 출발과 영화관에 도착은 아주 짧게 생략해서 네 개의 쇼트, 낮의 쇼트 두 개(쇼트 129-130)와 밤의 쇼트 두 개(쇼트 131-132)로 편집되어 있다. 이 쇼트들은 근본적으로 앞의 긴 시퀀스와 영화관 시퀀스의 느린 파노라마 촬영과 대조를 이루는 절분된 리듬을 낳는다.

우리는 이미 영화관 출구의 밤의 쇼트(쇼트 139)와 카프리에서 아주 밝게 조명된 카미유의 첫번째 쇼트(쇼트 140) 사이에 중간 단계의 갑작스러움을 지적한 바 있다. 시간 경과 후 프로코시와 모터보트를 타고 떠나는 카미유의 모습이 보이고 별장으로 가는 과정은 교묘하게 생략되어 있다. 그 자리에 넵투누스의 위협적인 모습(쇼트 151)으로 운명의 새로운 이미지가 배치되어 있다.

　이런 절분된 편집 체계는 카미유와 프로코시가 사고로 죽게 되는 순간에 절정에 이른다. 그들은 방금 전 졸고 있는 폴(쇼트 168)을 떠났다. 악몽에서와 같이 폴은 이별의 메시지를 전하는 카미유의 목소리를 듣게 된다. 그리고 긴 시퀀스 쇼트(2분 30초)로 카미유와 몇마디 나누어 보려는 프로코시의 모습이 보인다. 고다르는 이런 일시적인 극도의 긴장을 갑자기 급격하게 변하는 교차 편집으로 연결한다. 말하자면 어떻게 된 일인지 알 수 없게 트레일러 트럭(앞바퀴 없이 직접 견인차에 연결된 트레일러–역주)에 끼어 있는 자동차를 그대로 놓아두고 있다. 여기서 영상의 리듬은 올림푸스 산의 신들의 강한 분노를 상기시키고 있다.

　고다르는 체계적으로 여정을 생략하고 그것을 신들의 짧은 이미지로 대체함으로써 항상 일어날 수 있는 비극의 위협을 받고 있는 인물들의 숙명을 나타내고 있다. 물론 시퀀스의 연결은 논리적이고 서술적인 체계로 작용한다. 영화 시작 부분에서 폴은 카미유에게 "그 미국인과 약속이 있어"라고 말한다. 시간 경과 후 프란체스카는 폴에게 "따라와요, 저쪽이요…"(쇼트 7)라고 가리키면서 그를 영사실로 인도한다. 이 시퀀스 끝에서 폴은 큰 소리로 프란체스카에게 "주소가 어떻게 되지요?"라고 묻는다. 끝까지 이렇게 이어진다. 리듬과 묘사적인 차원의 편집으로 인과 관계가 파괴되고, 그 대신 넵투누스와 미네르바의 모습으로 은유화된 비극적인 단순한 상관 관계로 대체되면서 대사는 시공간적 중간 단계를 논리적으로 연결하면서도 서술적으로 의미가 없는 말이 늘어난다.

시퀀스 쇼트의 영화

절분된 중간 단계와 대조적으로 시퀀스들의 내적 구조에서는 간혹 대단한 의미를 지니는 예외가 있지만 긴 시퀀스 쇼트가 중시되고 있다.

앞자막과 프롤로그에서는 영화에서 2분과 3분짜리 두 개의 묘사하는 긴 쇼트, 즉 촬영팀(영화의 테마)을 소개하는 하나의 쇼트와 영화와 경멸 이전에 행복한 커플을 보여주는 쇼트로 이어지는 미장센을 형성하고 있다.

폴이 치네치타에 도착하는 것은 긴 쇼트로 기술이 계속된다. **시퀀스 2**는 단지 네 개의 쇼트로 구성되어 있을 뿐이다. 그 중 앞의 두 쇼트는 아주 길다. **쇼트 6**은 폴과 프란체스카를 잡고, 이어서 프로코시를 잡고 있는 1분 42초짜리이며, **쇼트 7**은 세 인물을 측면 트레블링으로 계속 잡고 있는 2분 20초짜리이다. 영화 첫 부분의 네 개의 쇼트는 각각 2분 정도의 길이로 1960년대초 통용되던 편집 기준에 따르자면 예외적인 시간이다. 처음부터 고다르는 앞자막에서 목소리로 인용된 앙드레 바쟁의 규범을 존중하기 위해 연속성 있는 미장센의 편견을 제시하고 있다.

실제로 나중에 거론하게 될 아주 짧게 이어지는 세 개의 일련의 쇼트(전체가 스물한 개의 쇼트로 **쇼트 63-68**과 **쇼트 73-77**에서 프로코시의 집 정원에서 카미유의 시선, **쇼트 110-119**에서 벗고 있는 카미유의 시각)를 제외한다면 영화는 1백50개의 쇼트(앞의 세 개의 자막과 '끝'이란 자막을 포함)로 구성되어 있을 뿐이다. 쇼트의 수로 보면 이 정도는 약 100분짜리 영화의 경우 아주 적은 것이다.

이런 의미에서 〈경멸〉은 영화 형식의 역사에서 획기적인 일이 된다. 왜냐하면 고다르는 이 작품으로 수년 전부터 1960년대말과 그 후 10여 년의 시퀀스 쇼트로 구성된 영화들을 예견하고 있었기 때문이다. 전혀 다른 미학에 속하는 저자들을 인용해 본다면 미클로시 얀초 · 마르그리트 뒤라스 · 장 외스타슈 · 장 마리 스트라우브 · 테오 앙겔로풀로스 · 샹탈 아케르만의 영화를 그 예로 들 수 있다.

이런 시퀀스 쇼트의 미장센은 영화에서 균형을 이루는 두 순간, 즉 실내의 인물들을 잡고 있는 두 순간에 더 분명해지게 된다.

첫번째 순간은 거의 **시퀀스 6**에서만 이루어진다. 그것은 **쇼트 78**이다. 이 쇼트는 바로 전에 로마의 별장 거실에 있는 프란체스카를 발견한 폴의 모습을 보여주고 있다. 그는 그녀의 기분을 풀어주려고 라마크리슈나의 이야기를 해준다. 이 쇼트의 시간은 2분 37초이다. 긴 촬영은 폴의 서툶과 프란체스카의 거북함을 증폭시키고 있다.

두번째 순간은 다시 폴을 잡고 있는 **시퀀스 쇼트 159**로 **시퀀스 13**에 해당한다. 이 쇼트의 시간은 4분 10초이다. 이것이 이 영화에서 가장 긴 쇼트다. 카프리의 별장 거실에서 폴은 다른 인물들의 무관심한 상태에서 이전보다 더 외로움을 느낀다. 그는 카미유의 존경과 사랑을 되찾기 위해 프로코시에게 시나리오 쓰기를 포기하겠다는 의

사를 전하려고 애쓴다. 촬영 시간은 그가 애쓰고 있지만 어렵다는 것을 강조하는 것이다. 카메라는 계속 이동하면서 폴의 이동을 명확하게 구분하고 있다. 폴은 별장의 창틀 한가운데 갇혀 몰리고 있고, 랑은 그런 폴의 모습을 조롱기 섞인 시선으로 주시하며 "참아야 해!" 하고 결론짓는다.

세번째 시퀀스 쇼트 또한 주목할 만하지만 이 쇼트는 실외에서 촬영된 것이고 대조적인 기능을 한다. 곧바로 긴 쇼트가 아주 짧은 네 개의 쇼트로 이어진다. 그것은 로마로 가는 길(스퀸스 15)의 주유소에 있는 제레미와 카미유를 잡은 **쇼트 169**이다. 이 쇼트의 시간은 1분 30초이다. 제레미는 카미유를 유혹하려고 애쓰며 카미유에게 들꽃을 내밀지만 폴처럼 서툴러 보인다. 하지만 긴 쇼트는 여기서 이어지는 세 개 쇼트의 강렬한 교차 편집, 즉 영화의 시작 부분에 배치된 리듬과 속도 대비의 확실한 근거를 강조하기 위해 삽입되었을 뿐이다.

폴이 치네치타에 도착하는 장면의 **시퀀스 2** 역시 아주 짧은 다른 두 개의 쇼트, 영사실까지 폴과 프란체스카의 이동 과정을 보여주는 **쇼트 8**과 프로코시의 이동 과정을 보여주는 **쇼트 9**가 포함되어 있다. **쇼트 7**과 **쇼트 8** 사이에서는 모든 것, 즉 지속 시간, 인물들의 이동 리듬, 카메라의 이동 리듬이 바뀐다. 고다르는 리듬의 단절, 매순간의 변화에서 전개될 수 있는 절분과 생략으로 바뀌는 몽타주, 지속 시간 연장의 기능을 하고 인물이 쇼트에서 빠져나가며 그 자신이 이동 리듬을 변화시키는 순간에 포착된 갑자기 아주 짧은 쇼트로 중단되는 긴 측면 트래블링에 작용하는 단절을 만들어 낸다.

이런 시퀀스 쇼트의 미장센이 이 영화 전체에 주조를 이룬다. 특히 이런 미장센을 제2부, 아파트의 시퀀스(시퀀스 8)와 바로 이어서 실내 일곱 개의 쇼트(시퀀스 9)로 구성된 영화관의 시퀀스에서 찾을 수 있다.

짧은 몽타주의 영화

짧은 몽타주는 영화의 전체적인 체계에서 볼 때 확실히 예외적인 것처럼 보인다. 그러나 이런 형태의 몽타주는 적어도 첫번째의 두 경우, 즉 카미유의 시선과 경멸의 감정 자체와 연결되기 때문에 다른 몽타주 못지않게 몇몇 순간에 중요한 역할을 한다.

이런 첫번째 두 개의 짧은 몽타주는 곧 뒤이어 계속된다. 이런 몽타주는 폴이 프로코시의 로마의 별장 정원에 도착하고 뒤따라 프란체스카가 도착하는 시퀀스 5에 삽입되어 있다. 이것은 둘 다 대사 없이 짧은 두 순간으로 구성되어 있고, 둘 다 집요하게 카미유를 잡고 있는 하나의 쇼트로 이어진다. 이런 일련의 영상들은 영화에서 정확히 이 순간에 그 인물의 관점에 어울린다.

첫번째 연속된 쇼트, 쇼트 63-68은 카미유가 일어나 화면 영역의 안쪽으로 향하면서 그 순간 자전거를 타고 온 프란체스카와 마주치는 장면을 보여주는 쇼트로 이어진다. 카메라는 카미유를 전진 트래블링으로 잡는다. 그리고 카미유는 폴이 자기를 프로코시의 차에 억지로 타도록 떠밀었다고 생각할 때 일부의 쇼트는 영화 앞부분에서의 부부(부부의 조화로운 이미지) 모습을 보여주고, 또 다른 쇼트들은 경멸의 감정을 표출하는 모습을 보여준 카미유의 행동을 리드미컬하게 편집한 여섯 개의 짧은 쇼트가 이어진다.

바로 뒤에 삽입된 두번째 연속된 쇼트, **쇼트 73-77**은 약간 더 짧다. 이 쇼트는 정원 의자에 앉아 있는 카미유를 보여주는 긴 순간으로 이어진다. 폴이 잠깐 카미유 옆으로 지나간다. 짧은 다섯 개의 영상이 이때 폴이 도착했다는 간접적인 기억과 경멸의 순간이 상기되는 것 같은 기능을 한다.

이 열한 개의 플래시 영상은 카미유의 시선에 특별한 것을 부여한다. 몽타주는 인물의 주관적인 관점을 결합시키는 보기 드문 순간의 문제이다. 카미유는 여기서 말로 표현하는 것이 아니고 영상, 즉 빠르기도 하지만 정확한 시지각으로 표현한다. 미장센은 전적으로 시선에 이용되고 있다. "〈경멸〉의 주체는 더 이상 부인 대신에 대상이 되는 경멸을 느끼고 괴로워하는 시나리오 작가가 아니고, 그 주체는 역시 특히 경멸하는 부인이다."(고다르, 《〈경멸〉의 시나리오》)

다른 형태의 세번째 짧은 몽타주는 아파트 시퀀스(**시퀀스 8**)의 중간에 삽입된다. 아주 짧은 열 개의 쇼트, **쇼트 110-119**는 시각적으로 폴과 카미유의 목소리가 교대로 동반되어 나타난다. 아파트의 긴 시퀀스는 긴장의 고조와 소강 상태로 전개된다. 이 시퀀스는 서른네 개의 쇼트로 구성되어 있다. 짧은 몽타주는 부부의 대립이 극도에 달하는 두번째로 구조되는 순간에 삽입된다. 폴은 카미유에게 "당신이 사랑을 나누는 것을 더 이상 원하지 않는 이유가 뭐야?"라고 묻는다. 카미유는 폴의 계속되는 질문 공세에 극도로 흥분되어 옷을 벗고 마음대로 하라고 거실의 소파에 눕는다. 그녀는 그에게 "좋아, 자 빨리 해"라고 대들 듯 말을 툭 던진다. 바로 그 순간에 폴의 목소리가 외화면 영역으로 부연 설명 혹은 내면의 소리 같은 어조로 삽입된다. "얼마전부터 카미유가 내 곁을 떠날 수도 있다는 생각이 자주 들었고, 지금도 그것을 일어날 수 있는 파국으로 생각하고 있고 나는 아주 위급한 상황에 처해 있는데…." 그러고 나서 카미유의 목소리가 같은 암송조의 어조로 이어진다. "예전에 모든 일은 희미한 무의식에서 막연하게 암묵적으로 동조하듯이 기뻐하며 일어난 것이었는데…." 이렇게 두 사람의 목소리가 몇 분 동안 10여 개의 쇼트로 이루어진 몽타주와 함께 교대로 들려온다. 이 쇼트는 조각상의 아름다운 순간으로 고정된 카미유의 육체를 보여주고 있는 대부분 직접적 기억의 몇몇 영상들(어머니에게 걸려온 전화, 다시 한 번 경멸의 감정이 표출되는 순간)과 더 과감하게 나중의 여러 개의 시퀀스 중 하나의 빠른 영상(카프리에서 카미유가 노란색 목욕 가운 차림으로 걸어가고, 그 뒤에 폴이 흰색 양복차림으로 뒤따르고 있는 장면)이 결합된 것이다. 후자의 쇼트는 이미 영화의 서술적이고 비극적인 전개에서 나타난 피할 수 없는 단절을 보여준다.

이 세번째 짧은 몽타주는 엄밀히 말해 더 이상 주관적인 것은 아니다. 이것은 격렬한 부부싸움에서 일시적 중단과 소강 상태를 나타낸다. 폴은 아주 멀어졌고, 경멸에 이르기까지 되돌릴 수 없는 것에 대한 자각으로 짧은 몇 분 동안 과거로의 회귀, 영원히 깨져 버린 조화에 대한 향수가 되살아난다. 폴은 카미유를 두 번 다시 만날 수 없게 된다.

교차의 형상

교차의 구조는 선형적이고 연속되는 지속 시간을 근간으로 전체적으로 볼 때 적은 숫자지만 어떤 형태에서 보면 고전 영화의 시공간적 장면 분할의 특징적인 구조로서 〈경멸〉에서 정확하게 몇몇 순간에 삽입되고 있다. 하지만 이렇게 삽입된 구조들은 형태가 같은 것도 아니고 역할이 같은 것도 아니다.

우선 교차의 전통적인 형태, 즉 바라보고 있는 등장 인물들, 그리고 등장 인물들의 눈에 보이는 이미시나 다른 대상들의 쇼트/리버스 앵글 쇼트의 형태이다. 특히 이런 편집 구조는 두 번 나타난다.

첫번째 교차는 러시 필름을 영사할 때 **시퀀스 3(쇼트 10-40)**에 위치한다. 이때 등장 인물들의 영상과 그들이 스크린으로 볼 수 있는 〈오디세이〉의 쇼트들이 아주 체계적으로 교차 편집되어 있다. 프리츠 랑이 "이것은 신들의 싸움, 프로메테우스와 율리시즈의 싸움이다"라고 말할 때 교차적 구조의 근간에 있는 것은 〈오디세이〉의 감독을 맡은 프리츠 랑이다. 이 말 뒤에는 곧바로 푸른 눈에 붉은 입술의 미소 짓는 처녀의 흰 얼굴로 묘사된 조각상의 영상이 이어진다. 몽타주로 프리츠 랑에 이어 영사기사, 폴, 다시 프리츠 랑, 스크립터 등과 〈오디세이〉의 이미지, 미네르바, 넵투누스, 스크립터와 촬영팀 등을 교대로 보여주면서 이런 구조를 전개시키고 있다.

오디세이의 이미지들이 등장 인물들에 의해 포착되고 있다는 것을 교차로 강조하고 있는 것이다. 먼저 인물들과 사물에 던지는 시선처럼 관점, 즉 영화에 대한 문제 제기가 교대로 이루어진다. 프리츠 랑은 몽타주의 시작으로 창조주, 즉 조물주의 위치에서 사물들을 명명하면서 이미지들을 창조한다. 이때 세계는 시선으로 신성시된다. 이것은 고대 세계, 즉 호메로스의 세계, "자연과 상반되는 것이 아니라 일치되어 발전하는 문명에 속하는 현실 세계이고, 〈오디세이〉의 미가 바로 현재처럼 현실의 믿음에 있다"(랑, 쇼트 139)는 것이다.

두번째 쇼트/리버스 앵글 쇼트의 교차는 '실버시네 극장'의 닫힌 공간에 위치한다. 이것은 왼쪽에 앉아 있는 프리츠 랑과 카미유, 오른쪽에 앉아 있는 폴과 프로코시를 잡은 **시퀀스 9(쇼트 113-139)**의 문제이다. 그들은 매력적인 자태를 보이며 무대에서 몸짓을 하는 여가수의 모습을 바라보기보다는 노래를 듣고 있다. 여기서 교차하는 것은 시선과 무관심, 경멸이다. 게다가 등장 인물들은 시끄러운 다른 공간에서 조용히 개인적인 대화를 나누고 있다. 왜냐하면 프로코시가 지난밤에 〈오디세이〉를 다시 읽으면서 오래전부터 찾고자 했던 무엇인가, 바로 시를 발견했지!라고 큰 소리로 말할 때 이탈리아 노래는 임의로 중단되고 있기 때문이다.

아파트의 시퀀스에서 미장센은 그와 반대로 쇼트/리버스 앵글 쇼트와 교차 편집을 피하고 측면 트래블링을 사용하는 경우도 있다. 이런 거부는 고다르가 전등갓이 있는 스탠드의 양쪽에 마주하고 있는 폴과 카미유를 잡고 있는 **쇼트 124**에서 의도적으로 나타난다. 교대로 묻고 대답하는 모습은 두 인물에 대한 느린 측면 이동 촬영(트래블링)으로 촬영된다. 반면에 전통적인 장면 분할에서는 쇼트/리버스 앵글 쇼트의 교차로 이루어진다. 고다르의 미장센은 말 그대로 카미유를 질문에 억지로 대답하게 만드는 폴의 주장만을 강조할 뿐이다. 교차로 이루어진 형태는 언어 소통에서 제외되어 있는 관객을 제삼자의 위치, 즉 결코 욕구를 충족시킬 수 없는 위치에 자리잡게 만든다. 전혀 다른 교차 형태는 나중의 두 부분에서도 나타난다. 그것은 이때 동시성의 관계를 나타내는 교차 편집, 아주 고전적이지만 〈경멸〉에서 예외적인 형태의 문제이다.

우선 **시퀀스 12(쇼트 155-158)**를 구성하는 네 개의 쇼트가 있다. 폴은 테라스에서 카미유를 찾으며 그녀를 부른다. 카미유는 별장의 칭틀 가장자리에 제레미와 마주 보고 앉아 있다. 새로운 쇼트가 두 사람을 실내에서 잡았다가 테라스 위에서 두 사람을 유심히 바라보는 폴로 돌아온다. 이것은 단순히 극적 교차의 문제이다. 또한 이것은 폴이 모욕을 느끼는 순간이고, 폴이 보고 있는 것을 알면서도(**쇼트 156**) 고의적으로 제레미가 키스하도록 몸을 맡기는 카미유가 돌이킬 수 없는 결심을 하게 되는 순간이다.

끝으로 바로 뒤에 삽입된 마지막 교차는 자동차 사고와 카미유와 프로코시의 비극적인 죽음(**시퀀스 15, 쇼트 170-173**)이다. 알파 로메오의 이동 과정은 카미유의 작별 인사 메시지(사진 6, 7, 8)에 인서트로 아주 짧은 시간의 단편으로 분할된다. 이미 메시지에는 죽음이 예고되어 있다. 자동차는 몽타주로 출발의 영상들이 작별 인사의 메시지의 영상들에 삽입되어 있는 것처럼 트레일러 트럭 밑에 끼어 있다.

6

7

8

테마와 인물들

    고다르는 알베르토 모라비아의 소설을 각색하면서 많은 인물들 중 다섯 명만 남기기 위해 인물들의 아주 엄격한 선별에 몰두했다. 그는 부차적인 인물들을 순차적으로 제거하여 영화에서 단순한 실루엣의 상태로 죽소시켜 처리하였다. 인물들이 가로질러 가는 장소들은 거의 다 인적이 없다. 치네치타의 거리, 프로코시의 로마의 별장, 카프리의 별장, 주유소, 사고 당시의 고속도로 등 모두 인적이 없다. 가장 많은 군중은 〈오디세이〉의 촬영팀으로 구성되어 있다. 더구나 그들은 훨씬 더 초라하다.

    모라비아의 소설에서 주요 인물들은 고다르가 통역자 역으로 프란체스카를 부가시킨 것이 약간 다를 뿐 물론 같다. 그러나 내레이터 리샤르 몰테니 역시 소설에 여러 번 등장하는 인물인 감독 파세티와 그의 부인과 안면이 있다. 고다르는 내레이터에 의해 환기되는 다른 인물들과 마찬가지로 그들 부부를 제거해 버렸다.

    이렇게 인물을 제거한 것으로 '무인도,' 특히 카프리에 '조난당한' 인상을 강하게 풍기고 있다. 그것은 세상의 끝, 또한 영화 세계의 끝 같은 인상을 들게 한다. 다섯 명으로 줄어든 인물들은 기능들을 은유적으로 발휘하여 연기하게 될 정도로 더 강조된 상징적 힘을 얻게 된다. 인물들로 제작자, 감독, 시나리오 작가, 미인(시나리오 작가의 부인), 여자 통역자가 있고 물론 그들 뒤에 〈오디세이〉의 모든 등장 인물들, 율리시즈 · 페넬로페 · 왕위 계승자들 · 시르세 · 노시카뿐만 아니라 미네르바 · 넵투누스 · 호메로스 자신이 있다.

게다가 우리가 종종 주목하게 되는 것처럼 고다르 영화의 배우들은 진짜 생생한 인용들이다. 그들은 가깝고도 먼 그들의 영화적 과거를 참고로 등장한다. 이렇게 잭 팰랜스는 제작자 제레미 프로코시 역이지만 그는 〈셰인〉(조지 스티븐스, 1953)에서 검은 장갑을 낀 살인자의 모습이 남아 있고, 프로코시가 〈맨발의 백작부인〉(조셉 L. 맨케비츠, 1954)에서의 제작자 커크 에드워드의 직접적인 인용인 것처럼 〈대검〉(로버트 알드리치, 1955)에서도 전제군주 로드 스타이거의 희생자 배우가 된다.

프리츠 랑은 1933년 나치 체제를 탈출한 독일 감독의 명성, 〈M〉을 만든 감독이 할리우드에서 활동할 때 타협책을 찾아야 했던 사람의 명성을 지니고 있다. 미셸 피콜리는 〈밀고자〉의 멜빌의 세계에서 탈피한다. 그는 이 영화에서 빈센트 미넬리의 영화 〈섬 컴 러닝〉(1958)에서 딘 마틴처럼 중절모를 쓰고 있다. 브리지트 바르도는 우선 프랑스 영화계의 여류스타이다. 그녀의 신화적 차원과 '아우라' 때문에 그녀는 올림푸스 산의 인물을 닮아 있다. 여러 언어에 능통한 조르지아 몰은 〈조용한 미국인〉(조셉 L. 맨케비츠, 1958)에서 이미 언어적 재능을 보인 바 있다.

미국인 제작자: 제레미 프로코시(잭 팰랜스 분)

소설에서 제작자는 이탈리아 상업 영화 제작사의 주역이다. "아주 젊은 제작자는 최근 몇 년 동안 아주 보잘것없는 기법의 영화지만 상업적인 성공으로 탄탄대로를 걷게 된다. 수수하게 '트리옹프 필름(Triomphe Films)'이라는 이름이 붙여진 그의 영화사는 당시에 엄청난 호황을 누리고 있었다." 리샤르 몰테니는 그 회사를 매력이라고는 거의 없는 영화사라고 구체적으로 이렇게 묘사하고 있다. "물론 그것은 끈질기고 왕성한 생명력을 타고난 덩치 큰 동물이다. 그것은 중간 키에 아주 딱 벌어진 어깨와 긴 상체, 짧은 다리를 가진 동물이다. 그런 면에서 그것은 그에게 붙여진 여러 가지 별명('짐승' '큰 원숭이' '고릴라')에 어울리는 덩치 큰 원숭이와 닮아 있다."

잭 팰랜스는 **쇼트 6**에서 등장한다. 그는 '테아트로 6'이라는 스튜디오의 큰 문을 통해 등장한다. 그는 어두운 색의 양복차림으로 흰 와이셔츠에 넥타이를 매고 있다. 그때 그는 손으로 햇빛을 가리고 바라보며 정말 셰익스피어적인 장광설을 과도할 정도로 극화된 어조로 울부짖듯이 낭송하고 있다. **"어제까지만 해도 여기에 왕들이 있었지… 왕들과 왕비들, 전사들, 연인들… 모든 인간의 감정들…."** 프란체스카가 잭 팰랜스의 장광설을 고분고분하게 통역한다. 폴이 황량한 스튜디오 안에 있는 치네치타에 도착한다. 그는 놀라서 "여기 무슨 일이 있어요, 이곳은 완전히 비어 있나요?"라고 묻는다. 프란체스카는 폴에게 대답하길, "제리가 거의 모든 사람들을 해고했어요. 그것이 이탈리아 영화에 악영향을 미쳤지요…” 게다가 “어제 그는 모든 것을 팔아 버렸고 곧 균일 매장 프리쥐닉을 지을 거래요. 이것이 영화의 종말이지요.”

　인물들이 화면 영역을 가로질러 갈 때 실제로 파괴된 무대장치, 장식용 천을 접고 있는 유일한 소품담당자를 발견할 수 있다. 프로코시는 등장할 때 과거의 호사를 개탄하며 현재의 잔해를 통탄하는 엘리자베스 체제의 비극적 종말의 한 인물이다. 그것은 영화의 사악한 예언자인 동시에 영화의 파괴자이다. 그는 조소적이고 과장된 분노로 프리츠 랑의 〈오디세이〉 러시 필름(편집용 필름)의 통을 던진다. (사진 9) 반면에 스크린 밑의 벽에는 **“영화는 미래가 없는 발명품이다”**라는 루이 뤼미에르의 금언이 인용되어 있다. 이것은 프리츠 랑에게 “결국 그는 그리스 정신을 이해하게 된다”라고 말하도록 유도하는 제스처이다.

　고다르는 이탈리아인에서 미국인이 되도록 제작자의 국적을 바꿈으로써 영화의 전체 스토리에 대한 토론의 장을 넓히게 된다. 모라비아의 소설에서 바티스타와 몰테니를 참고한 것은 현실 참여와 예

술가의 소외의 문제 제기와 함께 이탈리아 전후의 지적 분위기를 참고한 것이다. 고다르는 프로코시를 통해 1960년대 뉴할리우드와 유럽의 작가주의 영화, 할리우드의 무대장치와 자본력에 의해 예전보다 더 위협받고 있는 프리츠 랑과 로베르토 로셀리니의 영화 사이에 대립적인 관계를 정면으로 접근하고 있다. 그 당시 고다르의 맹목적 숭배 대상의 감독들 중 한 사람인 니콜라스 레이를 무너지게 만든 것이 할리우드의 무대장치인 것처럼 결국 프리츠 랑을 실업자로 만든 것도 바로 그것이다.

잭 팰랜스는 모라비아가 바티스타에게 부여했던 작은 키는 아니지만 그렇다고 해서 원숭이를 닮은 특징들이 없는 것은 아니다. 그가 등장할 때 프레임에 잡고 있는 로우 앵글은 스튜디오의 전망대 위를 걸으면서 그의 팔다리의 길이를 확대시켜 큰 원숭이로 변신시키고 있다. 이것은 그의 성이 나타내는 바와 같이 슬라브 출신의 미국인 제작자, 제작비를 대는 양식없는 사람의 전형이다. 그는 오히려 영화의 세련되지 못한 비전을 부여받고 있다. 그때 나쁜 '고대 사극 영화'의 인어와 같이 물 속에서 장난치고 있는 벌거벗은 엑스트라의 영상을 보면서 아주 만족해 낄낄대는 그의 모습을 볼 수 있다. 아이러니컬하게 고다르는 그때 그에게 예술의 문제이기 때문에 "관객들이 이해할 수 있을지 의문스럽다"고 말하도록 한다. 그는 제작자로서 폴을 참여시키는 것에 만족하며 여류스타에게 노시카 역을 맡기기 위해, 그녀를 알아보기 위해 근교의 영화관으로 간다. 그의 주된 행동은 폴을, 더 정확히 말하자면 카미유를 로마에 있는 자기 집에서 한 잔 하자고(사진 10) 초대하고, 그리고 카프리의 별장으로 초대하는 것이다. 그는 바로 직전 전화를 받고 가서 그에게 발길질을 하는 프란체스카와 아주 상스러운 모습을 보인다. 호메로스의 이야기를 현대화하겠다는 생각을 어디서 하게 되었는지 알 수 없고, 그가 "《오디세이아》에 대한 이론이 있다"라고 말한 것은 오히려 과장된 것이다.

프로코시는 할리우드의 동료들을 모방해서 시가를 피우지 않음에도 불구하고 여기서 풍자화에 불과하다. 그는 '문화'라는 말이 들릴 때 수표책을 꺼내는 인간, 즉 타인들을 업신여기기를 좋아하는 사람의 역할을 독특한 의미없이 행하게 된다. 그는 수표에 서명하기 위해 로마의 전제군주가 노예의 등에 서판을 새기는 것처럼(사진 11) 프란체스카의 등을 이용한다.

고다르는 서툶을 계속 쏟아내는 그의 정력을 강조하게 된다. 그의 육체는 알파 로메오의 너무나도 좁은 운전석 안에서 불편해하고 있다. 그는 실버시네 극장의 의자에서 긴 다리를 어디에 놓아야 할지 모르고 있다. 프로코시는 이때 꼭두각시일 뿐이다. 그가 카미유에게 들꽃을 줄 때는 익사하기 직전 소녀에게 꽃을 주는 프랑켄슈타인의 괴물이 그랬던 것처럼 웃음거리밖에 안 된다. 그가 간신히 "당신은 나를 어떻게 생각해요?"라고 말할 때 더더욱 웃음거리가 된다.

그는 〈경멸〉에서 다른 사람을 돋보이게 하는 인물이다. 그의 교양 없음과 주장은 포켓용 미니 '성경'에서 찾은 인용들에 그로테스크하게 의존하는 것으로 니다난다. 그는 폴에게 〈오디세이〉의 각색에 참고하도록 로마의 회화책을 한 권 전하자 폴은 그에게 "〈오디세이〉는 그리스어로 되어 있소"라고 대답한다. 그는 다른 등장 인물들의 언어를 사용하기 위해 어떤 노력도 하지 않는다. 그는 영어로만 표현하고 모든 문장을 독선적인 **"예 또는 아니오?"**라고 말하고, 그가 프랑스어로 세 마디를 말하려고 애쓰는 것은 정말 애처롭기까지 하다. 끝으로 카미유가 집에서 경멸의 감정을 촉발시킨 것도 바로 그 사람이고, 폴이 영화의 시작 부분에서 카미유를 다시 만나게 될 때 그의 자동차 알파 로메오의 속도를 최대한 높임으로써 부부를 갈라 놓은 것도 바로 그 사람이다.

다섯 명의 인물들이 수영을 하는 오디세이의 분위기는 다른 사람들에게 모두 그런 것처럼 제레미 프로코시에게 신화적 차원을 부여한다. 프로코시는 율리시즈와 같은 폴의 적이다. 우선 그는 미모가 있는 카미유의 무척 경멸하는 듯한 왕위 계승권자와 같은 존재이지만 그의 역량과 스케일 때문에 넵투누스의 위협적인 모습을 드러내기도 한다. 그가 '극장 6'에서 나와 눈부셔할 때 상기시키는 것은 키클로페스·폴리페모스의 괴물 같은 실루엣이다. 키클로페스는 우리가 프리츠 랑이 촬영중인 〈오디세이〉의 장면 중의 하나로(카프리에서의 **시퀀스 10**) 유도된 것이다.

영화에서 프로코시는 어머니의 사진을 편집해 버렸지만 그것은 여전히 최종 장면 분할과 촬영 시트에는 나타나 있었다. 그것은 그의 문학적 취향이나 영화적 취향에 더 많은 암시이다. 제작자 퐁티와 레빈, 그리고 배우와 함께하는 고다르의 역경들은 인물의 우울함의 강조에서 어떤 역할을 할 수밖에 없었다.

〈맨발의 백작부인〉(1954, 치네치타에서 촬영)에서 조셉 L. 맨케비츠는 스페인의 카바레에서 대리인을 업신여기는 젊은 미국인 제작자 커크 에드워드(워렌 스티븐스 분)를 묘사하고 있다. 그때 그는 신인 여배우를 출연시키는 데 만족한다. 그는 원칙주의자와 신경쇠약자로 등장한다. 그는 젊은 여배우가 모욕적인 말을 하자 그녀의 **뺨**을 때린다. 그는 아랫사람들의 아첨을 느낀다. 그 자신은 사교계의 야회에서 언어적 대립 이후에 그에게 새로운 스타를 납치한 엉뚱한 남아메리카의 억만장자에게 모욕을 당하게 된다. 이것이 제레미 프로코시의 직접적인 모델들 중 하나이다.

잭 팰랜스

잭 팰랜스는 1919년 펜실베이니아의 잭 팰랜누이크에서 광부의 아들로 태어났다. 예전에 프로복서였던 그는 제2차 세계대전중 비행사가 된다. 그의 얼굴은 비행기의 화재로 흉하게 되어 성형외과 의사에게 치료받게 된다. 그의 '몽고증 같은' 염려스러운 특징들은 1950년대 미국 영화에서의 악역에 최고의 성공 수단이 된다. 우리는 종종 그를 양식없는 사람이나 살인자 배역에서 발견할 수 있다. 특히 그는 〈이교도의 신호〉(더글러스 서크, 1954)에서 아틸라, 〈반역자 리욱〉(루돌프 마테, 1959), 〈몽고인들〉(앙드레 드 토트, 1961), 〈바라바〉(리처드 플레이셔, 1961), 〈4인의 프로페셔널〉(리처드 브룩스, 1966), 〈바그다드 카페〉(퍼시 애들런, 1988)에서 늙은 화가의 배역에 이르기까지 할리우드의 다양한 얼굴로 '야만인'을 연기하게 될 때 거리낌이 없다. 로버트 알드리치는 그에게 주목할 만힌 두 역할, 〈대검〉(1955)에서 로드 스타이거에게 모욕당하는 남자 배우역과 〈공격〉(1956)에서 진짜 전쟁광 같은 중사의 강렬한 역할로 실력 발휘할 수 있게 한다.

잭 팰랜스가 이 두 작품에서 맡은 배역 때문에 고다르는 그를 참여시킬 수 있었다. 그가 〈경멸〉에서 스튜디오의 무대에 도착할 때 그는 몇몇 미국인 제작자들과 분쟁을 해결할 수 있다고 생각하고 모든 것을 거부하는 감독에게 수많은 암시를 한다.(비치, 1990) 며칠 뒤 그는 10여 개의 영단어만 구사할 수 있는 촬영감독에게만 말을 걸 뿐이다.

프리츠 랑 혹은 '실제 작가들의 정책'

프리츠 랑이 〈경멸〉에서 〈오디세이〉의 감독 역을 연기할 때가 영화촬영에 손을 놓은 지 3년이 지난 상태였다. 미국식 제작사들이 늙은

베테랑을 침묵하게 만든 것이고, 그가 두 편의 영화 〈벵갈의 호랑이〉
와 〈인도의 무덤〉(1959)의 그 일부와 〈도박사 마부제 박사〉(1960)에
서의 모험들의 마지막 에피소드로 그의 활동을 마감할 수 있었던 것
은 독일에서 제작자 아투르 브라우너 덕택이다. 그렇지만 그는 새로
운 계획들로 1962년 〈그리고 내일 (…) 살인!〉과 1964년 잔 모로의
출연이 예정된 〈커리어 우먼의 죽음〉이 있었다.

　뤽 물레는 〈경멸〉이 개봉되던 해 '오늘의 영화인' 총서에 프리츠
랑에 대한 전문 연구서를 썼고, 카미유는 그 책을 욕조 안에서 읽고
있다. 물레의 연구는 1950년대 《카이에 뒤 시네마》, 특히 클로드 샤
브롤, 프랑수아 트뤼포, 게다가 미셸 무를레로 시작된 프리츠 랑의
미국식 제작의 재평가를 확고하게 만든다. 폴은 프리츠 랑의 많지 않
은 서부극들 중 하나인 〈악명의 목장〉의 출연("멜 페레가 시소에 기대
고 있을 때 그것은 끔찍했어!")을 높이 평가하면서 《카이에 뒤 시네마》
의 방향으로 간다. 반면에 노장 감독은 카미유가 최근에 텔레비전에
서 본 적이 있고, 그녀가 "아주 좋아한다"는 영화 〈M〉을 더 좋아한
다고 분명하게 밝힌다.

　1963년 고다르는 그가 높이 평가하는 연출가들에게 비전문배우들
과 주목할 만한 개성을 촬영하도록 하면서 찬양하는 데 익숙해지면
서 비전문배우들, 철학이나 정치, 시의 분야에서 그의 눈에 주목할
만한 개성에 의지를 배가시킨다. 〈네 멋대로 해라〉에서 그의 선배이
자 친구인 장 피에르 멜빌이 인기 소설가 파르불레스코를 유행에 따
라 통역을 한다. 〈비브르 사 비〉에서 그는 나나를 카페의 탁자에서
언어철학자 브리스 파랭에게 대면시킨다. 〈결혼한 여자〉에서 아폴리

네르의 '다갈색 미인'과 비교되는 지성에 즉석에서 이루어진 간단한 강연을 마련한 것은 영화인 로제 렌하르트이다. 〈미치광이 피에로〉에서 페르디낭은 툴롱 항구의 부두에서 레이몽 드보스를 우연히 만난다. 레이몽 드보스는 그에게 음악적 테마에 사로잡힌 연인의 이야기를 해준다. 같은 영화에서 사뮈엘 퓔러는 엑스프레소 부인의 손님들에게 영화에 대해 아주 개인적인 정의를 내린다. 끝으로 〈중국여인〉에서 프랑시스 장송은 낭테르행 기차 안에서 과거의 '짐꾼'의 배역을 참고로 안 비아젬스키가 연기한 마오쩌둥 신봉투사 베로니크의 테러리스트적 설득 수단을 반박하게 된다.

고다르가 비그너를 참고하지 않았다 할지라도 〈경멸〉에서 프리츠 랑에게 감독의 배역을 맡김으로써 그 인물에게 모라비아의 소설에서 레인골드가 차지했던 것과는 전혀 다른 차원을 부여하고 있다는 것은 분명하다.

고다르는 진정한 존경에서 프리츠 랑을 영화에 출연시키게 된 것이다. 특히 그것은 감독이 **시퀀스 4**에서 러시 필름의 영사실에서 나와 후진 트래블링(사진 12)으로 촬영되어 카메라를 정면으로 바라보

며 앞으로 나아갈 때 분명해진다. 그는 시가에 불을 붙이고, 바로 직
전 신들의 흉상들을 잡은 영상이 보일 때 들렸던 조르주 들르뤼의 음
악이 노장 감독의 행동 방식에 위엄 있는 기품을 부여한다.

랑은 "오랫동안 심사숙고해서 결국 세계를 이해하고 젊고 소란스
러운 시인들에게 전쟁길을 포기하게 만든 차분한 늙은 인디언 추장"
솔로몬이 된다. "프리츠 랑은 그의 외알박이 안경을 통해 세계에 통
찰력 있는 시선을 제시한다. 그것은 영화에 대한 의식, 율리시즈의
《오디세이아》와 카미유와 폴의 〈오디세이〉를 연결시키는 도덕적 결
합의 특성이 될 것이다. 드레이어나 괴테 작품에서의 타스, 로셀리
니, 그리피스(…)와 같이 노년기에 접어든 위대한 예술가들처럼 지
성 있는 랑의 작품에서 주된 특성은 호의이고 관대함이다. 게다가 위
대한 영화감독이라고 규정지을 수 있는 것을 이 영화에서 볼 수 있
을 것이다. 그것은 겸손과 호의이다."(고다르, 《〈경멸〉의 시나리오》)

이미 지적했던 바와 같이 고다르는 모라비아의 소설에서 발견할
수 있는 《오디세이아》의 해설적인 읽기와 연관된 추론의 배열을 뒤
집어 놓았다. 프리츠 랑은 호메로스의 문학에 충실한 사람이다. 말
하자면 그는 《오디세이아》 텍스트에 적합한 율리시즈의 재현을 이해
하고 있는 사람이다. 고다르는 더 나아가 프리츠 랑을 진정한 조물
주와 같은 존재로 바꾸고 있다. 그가 처음에 **시퀀스 3**에서 영사실에
등장할 때 영상의 중심에 위치해 있으면서 그의 뒤에서 비추는 영사
기의 광선을 통해 조명받고 있다. 그는 팔을 들어 손가락으로 가리
킨다. 카메라는 그를 클로즈 쇼트로 브람스 음악의 장중한 강세를 배
경으로 다시 잡는다. 〈오디세이〉의 첫번째 영상, 불가사의한 미소를

짓는 처녀 얼굴의 영상(페넬로페와 관계되는 것이라고 지시하는 것은 아무것도 없고, 그녀는 오히려 코레-페르세폰을 떠올린다)이 등장한다. 프리츠 랑은 영상을 만들어 내는 자, 즉 세상의 창조주이다. 그는 호메로스를 닮아 있기도 하다. 좀더 나아가 폴은 시인의 신화적 흉상을 명명하게 된다(폴의 목소리로 "자, 호메로스야!"라고 말한다).

그래서 프리츠 랑은 고전적인 문화인, 단테나 코르네유(《쉬레나》의 서문)·횔덜린·브레히트를 인용하고 있다. 고다르는 프리츠 랑을 통해 독일어로 단테를 암송하도록 한다.(사진 13)

프란체스카가 의식적으로 통역한 시구:

"오 나의 형제들이여, 수많은 위험을 이겨내고 (…) 서양의 경계에 왔구려,

익숙치 못한 세계의 태양을 따라가며 의식하는 것을 거부하지 마라.

그대의 근원이 무엇인지 알아보아라,

그대는 존재하도록 만들어진 것이 아니라 학문과 미덕을 인지하도록 만들어진 것이야."

폴은 금방 그 구절을 알아보고 시를 프랑스어로 계속 암송한다.

"벌써 밤은 별들을 감탄하며 바라보고 있고 우리들의 환희는 눈물로 변하고 말았구나."

폴은 여기서 교양인, 인간적인 감독에게 동조한다. 랑은 영화에서 사용된 4개국 언어를 자유자재로 구사함으로써 고전문화에 친숙한 사람이다. 하지만 고다르는 그에게도 독일의 시인 횔덜린의 시 〈시인의 사명〉을 몇 구절 암송하도록 한다. 그의 시 판본들은 상반된다.

"하지만 인간은 필요하면 신 앞에 두려움 없이 존재할 수 있지,
인간의 천진함이 그것을 막아주지,
인간은 무기도, 계략도 필요하지 않지,
신의 부재가 그를 도와주는 순간까지."

이어서 그는 횔덜린이 맨 먼저 "신이 그곳에 부재하는 한"이라고 쓰고 나서 "신이 우리 곁에 존재하는 한"이라고 썼다고 분명하게 말한다.

분명한 것은 이러한 토론이 여기서 문학적 박식함의 논쟁에 있는 것이 아니라 〈오디세이〉의 각색과 관계된 토론, 인간과 신의 관계, 더 넓게 보자면 영화 속 인물들과 운명과의 관계와 직접 연관이 있다는 사실이다.

하지만 〈경멸〉에서 배우로서 랑은 고다르가 만들어 낸 이름이 프리츠 랑이고, 미국인 제작자를 위해 〈오디세이〉의 각색 영화를 찍는 감독의 연기를 하고 있다. 그것이 결코 '진짜' 프리츠 랑을 만들어

내지는 못한다.

그래서 고다르는 독일인 영화감독 이력의 몇 가지 전설적 특성들, 즉 프리츠 랑이 1933년 나치즘을 피할 때의 정치적 입장, 그의 고전적 문화, 실존에 대한 그의 도덕성에서 그 인물을 만들었다. 카미유는 목욕을 하면서 프리츠 랑이 말했고 물레의 감독론에서 재현된 몇 문장을 인용하고 있다. "치정살인은 아무 소용이 없는데 (…) 나에게 문제는 우리가 세계를 이해해야만 하는 식으로 귀결된다. 긍정적이면서도 부정적인 개념. 고전비극은 부정적이었다. 그런 점에서 고전비극은 인간을 신들에 의해 의인화된 숙명성의 희생양으로 만들고 인간을 희망없이 그의 운명에 처하게 만들었다." 랑 그 자신도 〈오디세이〉에서 율리시즈의 귀환(**시퀀스 11**)의 해석에 대한 토론 끝에 "죽음이 해결책이 아니다"라고 분명하게 말하면서 영화에서 그런 문장들에 찬동한다.

랑의 이러한 인용은 특별한 방식으로 폴의 태도를 조명한다. 그때 카미유가 그것을 읽고 나서 잠시 후 책꽂이 뒤에 숨겨둔 권총을 찾아오는 폴의 모습이 보인다. 더구나 카미유와 프로코시의 비극적 죽음은 고전비극에서와 같은 숙명의 희생양이다. 두 사람은 랑이 영화의 마지막 쇼트에서 연장하고 있는 영화 창작의 예찬에 대한 속죄의 희생양이 된다. 왜냐하면 "항상 우리는 시작한 것을 끝내야만 하기" 때문이다.

랑(**시퀀스 9**)은 베르톨트 브레히트를 인용하기도 한다. "매일 아침, 빵을 얻기 위해 나는 거짓말을 팔러 시장에 가서 희망에 부풀어 상인 옆에 선다." "그것이 뭐지요?"라고 묻는 카미유에게 랑은 친절하게 유머가 아닌 것처럼 "할리우드. 가련한 B.B.의 발라드의 요약" 이라고 대답한다. 그러자 폴은 여전히 치밀하게도 "베르톨트 브레히트지요?"라고 명확히 밝힌다.

여기서 고다르는 할리우드에서의 브레히트와 프리츠 랑의 이중적 경험과 프리츠 랑이 브레히트의 시나리오로 연출한 바 있는 〈사형 집행인도 죽는다〉(1943)의 어려운 합작을 참고로 하고 있다. 독일의 극작가의 이름이 우연히 삽입된 것은 아니다. 왜냐하면 그것은 할리우드의 영화 산업에서 아방가르드 방식의 통합이 불가능하다는 것을 요약하고 있기 때문이다.

〈경멸〉은 또한 인물들과 관객들 사이에, 특히 부부싸움의 시퀀스에 설정하고 있는 관계를 통해 '거리두기'의 미학을 되살리는 것으로 간주될 수도 있다. 고다르는 〈중국 여인〉(1967)에서 베를린 출신의 극작가의 이름만 남겨두기 위해 유명한 작가들의 이름을 칠판에서 지우는 순간이 확인되는 것처럼 혁명적인 백지 상태의 시기에도 브레히트의 유산에 충실하게 된다.

하지만 프리츠 랑의 영상, 즉 그리피스와 채플린뿐만 아니라 고다르가 포스터를 통해(사진 14) 폴의 리스트에 덧붙이고 있는 로베르토 로셀리니·히치콕·혹스의 향수를 통해 폴이 인용하고 있는 '예술인협회(Artistes Associes)' 시기의 고전 영화의 향수가 사라지게 된다. 감독에게 있어서 "우리의 욕망과 일치하는 세계를 대신하는" 고전 영화의 세계 자체는 프리츠 랑이 지적하고 있는 바와 같이 그리스 문명, 즉 "자연과 함께 발전하는 문명"의 신화화된 세계와 닮아 있기도 하다.

　〈경멸〉에서 모든 것은 호메로스 세계, "객관적으로 보이는 것 같은 현실"(프리츠 랑)에 의거한 유일한 현실 세계의 상실로 나타날 수 있다. 감독은 폴이 열망하면서도 결코 도달할 수 없을 그런 잃어버린 세계에 속해 있다. 영화의 결말에 이르면 프란체스카는 그에게 확인시켜 준다. "당신은 호메로스의 세계와 같은 세계를 갈망하며 그런 세계가 존재하기를 바라고 있다." 이어서 그녀는 분명하게 밝히길 "영화를 만드는 문제일 때 꿈은 충족되지 않을 거요!"(모라비아의 소설에 나타난 문장이지만 레인골드의 입을 통해 표현된 문장.)

　그래서 프리츠 랑은 카를로 퐁티 · 마리오 카메리니의 버전이 두 가지 특성을 겸비하고 있기 때문에 〈오디세이〉를 대형 스펙터클의 할리우드 버전으로 촬영하지도 않고, 정신분석학 이론에 의해 수정된 버전으로 촬영하지도 않는다. 영화에서 볼 수 있는(아주 정확히 말해 고다르에 의해 영화로 만들어진) 프리츠 랑의 〈오디세이〉의 몇몇 영상들은 가능한 한 단순성, 색의 스펙트럼, 즉 바다의 푸른색, 태양의 노란색, 피의 붉은색의 근본적인 가치로의 회귀와 엄격성의 추구를 나타낸다. 〈여자는 여자다〉이후 고다르식 색채의 근본적인 삼색 사진법은 〈경멸〉에서 보기 드문 저력, 원초적 색채, 마티스와 폴 클레의 아류에 의해 재발견된 지중해 문명의 저력을 찾고 있다. 실제로 고다르가 제시한 〈오디세이〉의 프리츠 랑 버전은 콕토가 1960년 《오르페우스의 유언》에서 표현하고 있는 바와 같은 그리스 신화로의 회귀에 더 가깝다.

"엄밀한 의미에서 〈오디세이〉의 장면들, 즉 인물로서 프리츠 랑이 촬영한 장면들은 영화 자체의 신들과 같은 방식으로 촬영된 것은 아닐 터이다. 색채들은 그 구성으로 보아 더 밝고 더 강렬하고 더 생생하며 더 대조적이고 더 꾸밈이 없기도 하다. 색채들은 루슈의 영화에서 프라고나르의 구성이나 에이젠슈테인의 쇼트 중간에 마티스나 브라크의 그림의 효과일 수도 있다. 단순히 사진의 관점에서 이런 신들은 반현장탐방기사의 관점에서와 같이 촬영될 수 있는 것이라고 할 수도 있다."(고다르, 《경멸》의 시나리오》)

지중해의 생생한 원천으로의 회귀: 이것은 모라비아의 작품이자 고다르의 작품인 〈경멸〉의 근본적인 다른 출처인 〈이탈리아 여행〉에서 결별 직전에 영국인 부부의 순례를 분명히 떠올리게 만드는 카프리 여행의 의미이다. 그것은 고다르가 랑을 출연시키고 있지만 로베르토 로셀리니처럼 그리스 신들을 촬영하고 있기 때문이다. **시퀀스 3**에서 인물들이 보고 있는 넓게 울려 퍼지는 서정적인 음악이 임의로 믹싱된 러시 필름들은 로베르토 로셀리니 영화에서 잉그리드 버그만이 연기한 영국인 관광객이 문자 그대로 엉망이 된 것을 발견한 나폴리 박물관의 조각상들의 감탄스러운 쇼트들을 인용하고 있다. 고다르는 젊은 투원반선수나 헤라클레스 파르네즈와 같이 "경악스러울 정도로 위엄 있는 기품," 즉 로우 앵글로 잡은 프레임 구성,

카메라의 긴 원운동, 조르주 들르뤼가 브람스를 통해 렌조 로셀리니를 모방하면서 현악 오케스트라를 통해 음악적으로 매료시키기까지 하는 "석고 복제품을 촬영하고"(자크 오몽) 있다.(사진 15)

하지만 〈이탈리아 여행〉 중 폼페이의 유골에서 포옹하고 있는 한 쌍의 시체가 발견되었을 때 기독교의 기적이 일어날 수도 있는 데 반해 〈경멸〉의 비극에서는 신이 포기해 버린 세계가 묘사된다.

카미유, 페넬로페, 아프로디테

"브리지트 바르도는 에밀리아가 아니라 카미유로 불리고 있다. 그렇다고 해서 그녀가 뮈세를 경시하는 것이 아니라는 것을 알 수 있다."(고다르, 1963)

카미유는 브리지트 바르도가 그녀의 실루엣을 빌리고 있는 서른한 살의 영화 속 인물이다. 최근 몇 편의 영화, 그 중에서 〈불행한 경우〉(클로드 오탕 라라, 1958)와 〈진실〉(앙리 조르주 클루조, 1960)이 요염

하고 뾰로통한 얼굴의 한없이 순진한 처녀인 여배우의 이미지를 바꿔 놓았다. 루이 말은 그녀에게 〈사생활〉(1961)에서 갈색 가발을 쓰도록 했다. 그때 그녀는 누벨 바그 감독의 기발한 착상의 영화에서 배역을 연기하는 모험을 감행할 수 있었다. 그런데 그때 그들 중 가장 도전적인 감독이 장 뤽 고다르이다.

인물의 소묘

모라비아는 소설에서 화자의 애정 어린 시선을 통해 "차분하고 온화한 미모를 가진" 갈색의 이탈리아 여인 에밀리의 윤리적이고 육체적인 면을 아주 상세하게 묘사하고 있다.

"에밀리는 내성적인 여인의 유형 그 자체이다. (…) 그녀의 가족은 가난했다. 내가 그녀를 알게 되었을 때 그녀 자신은 타자수였다."(2장)

"나는 그녀의 미모 때문에 태생에 대한 편견이 많은 단순하면서도 교양이 없는 타자수와 결혼했던 것 같다."(같은 장)

"에밀리는 큰 키는 아니었지만 내가 그녀에게 품었던 감정 때문에 그녀는 내가 만났던 다른 여인들보다 더 키가 크고 특히 더 위풍당당했던 것 같다. (…) 하지만 나중에 그녀가 내 곁에 눕게 되었을 때 놀랍다는 생각이 들었다. 그녀의 육체가 크고 넓고 힘이 있는 것처럼 보이는 데 반해 육중하다는 느낌이 전혀 없다는 것을 잘 알게 되었다. 그녀의 어깨·팔·목은 언젠가 본 적이 있는 것 같이 아름답고 둥글고, 풍만하고 선이 우아하고 움직임이 유연했다. (…) 나는 에밀리가 미인은 아니었다고 말했지만 그녀는 그런 인상을 주었고

나는 그것이 옳은 것인지 알 수 없었다. 아마도 그녀의 허리와 젖가
슴의 곡선이 더 두드러져 보이게 만드는 키의 유연하고 날씬함 때문
이었을 것이다. 게다가 그녀의 튼튼하면서도 날씬한 긴 다리의 대담
함과 젊음의 체력 때문이었을 것이다. 그녀에게는 우아한 표정과 침
착하고 고의적이 아닌 본능적인 위엄의 표정이 있었다. 그런 표정은
자연스러움에서만 나올 수 있고, 그렇기 때문에 더욱더 신비스럽고
알 수 없는 것처럼 보일 수 있다."

— 알베르토 모라비아, 《경멸》, 플라마리옹, 4장.

고다르는 시나리오에서 알프레드 드 뮈세를 세귀르 백작부인과 연
결시키는 연상(폴과 카미유)을 통해 더 이상 에밀리가 아니라 카미유
로 불리는 여주인공을 등장시키고 있다. 장 르누아르의 〈황금마차〉
(1952)의 카밀라라는 인물과 같이 그녀는 카르멘과 안나 카리나처럼
여전히 갈색머리이다. 〈두 어린이의 프랑스 일주〉에서의 어린 소녀
의 이름 역시 카미유이다.

"카미유는 아주 예쁘고 피에로 델라 프란체스카의 그림의 이브를
약간 닮았다. 그녀의 머리칼은 갈색이거나 카르멘의 머리칼처럼 짙
은 밤색이어야 할 것이다. 그녀는 일반적으로 심각하고 진지하고 아
주 신중하고 때로는 어린애 같거나 천진난만한 성격의 급변으로 소
극적이 되기도 한다. 영화는 비유로 충분할 수 있는 것이 아니라 카
미유가 혼합된 어두운 색의 꽃잎들과 그 사이에 맑고 투명한 전체의
안쪽에서 공격성 때문에 타격을 줄 수도 있는 밝고 생기 있는 작은
꽃잎이 있는 단순한 큰 꽃으로 표현될 수도 있을 것이다."(고다르,

《〈경멸〉의 시나리오》)

    에밀리-카미유는 영화의 대부분의 인물들과 마찬가지로 여배우들의 여러 얼굴을 알게 된다. 카미유는 브리지트 바르도 덕택에 금발이 되고 모라비아가 묘사하고 있고 감독이 시나리오에서 규정하고 있는 바와 같이 고다르에게 그 인물의 충동적인 측면에 충실할 수 있도록 해준다. "카미유는 대부분 기름바다처럼 조용하고 없는 듯하다가 갑자기 신경질적이고 설명하기 어려운 요동으로 화나게 된다. 우리는 영화를 보면서 카미유는 무슨 생각을 하는 걸까 하고 생각해 보며 그녀가 수동적인 무기력 상태에서 벗어나 행동할 때 그러한 행동은 여전히 똑바로 길을 따라 가다가 갑자기 도로를 벗어나 나무를 들이받는 자동차의 움직임처럼 예측할 수도 없고 이해하기도 어렵다. 실제로 카미유는 영화에서 세네 번 행동할 뿐이다. 그리고 그것은 바로 영화의 주된 동인을 구성하는 것과 마찬가지로 영화에서 진정한 세네 번의 새로운 전개를 부추기는 것이다. 하지만 항상 복잡한 일련의 추론에 따라 행동하는 남편과 정반대로 카미유는 계속 생명을 유지하려면 물이 필요한 식물처럼 본능적으로 일종의 생명 유지 본능을 말할 수 있다면 심리적인 것이라고 보기 어렵게 행동한다. 카미유와 그녀의 남편 폴 사이에 비극적 사건은 폴이 동물계에 사는 데 반해 카미유가 순수한 식물계에 존재한다는 데서 연유한다."(고다르, 《〈경멸〉의 시나리오》)

    1963년 이 영화를 연출하고 얼마 지나지 않아 장 콜레와의 대담에서 고다르는 시나리오에서 구상된 '식물적 인물'과 '동물적 인물,' 특히 남자배우의 방향에 대해 이러한 대립으로 되돌아온다. "폴 자발은 사실주의적이고 단순한 심리적 쇼트에 적절할 수 있는 최초의 인물이다. 브리지트 바르도는 전혀 그렇지 않다. 이것은 그 인물이 바로 브리지트 바르도라는 데서 연유한다. 카미유 자발 역으로 다른 여배우가 있었다면 영화는 훨씬 더 진전된 심리적 양상을 보일 수도 있었을 것이다. 하지만 당시 영화는 훨씬 더 견딜 수 없게 되었을지도 모른다."

브리지트 바르도의 선택의 중요성에 대해

따라서 카미유는 브리지트 바르도의 개성과 그의 신화로 충만해 있어서 어느 순간에도 고다르는 우리에게 그것을 망각하지 않게 하려고 애쓴다. 그와 반대로 고다르는 인물과 배우의 행동 지침을 발휘시키려고 이러한 여건에 근거를 두고 있다. "영화 앞부분의 제작자 집의 신은 여배우 B.B.에 관한 다큐멘터리처럼 촬영되어 있다. 그녀는 누군가가 연기해야 할 것을 말해 주기를 기다리고 있는 것 같은 느낌이 든다. 그녀는 폴과 카미유의 아파트에 들어가자마자 그 배역을 연기한다. 끝부분의 카프리에서 그녀는 그것을 의식하고 비판하고 있다."(장 콜레, 1963)

고다르의 재능은 여배우의 여러 가지 장점들을 이용하고 있다는 것이다. 그 예로 당장 인물에게 신화적 차원을 부여하고 카미유에게서 불가사의한 부인 페넬로페의 순간적인 모습을 볼 수 있게 해주는 '스타'의 아우라에 기인한 스크린에 여배우의 아주 강한 등장을 들 수 있다. 고다르 역시 행위가 육체로 한정되는 브리지트 바르도를 이용하고 있다. 니콜 브레네즈는 "그러한 의미에서 카미유 자발은 브리지트 바르도의 쇠약함, 즉 브리지트 바르도의 육체 언어와 다를 게 아무것도 없을 것이다"라고 적절하게 쓰고 있다.

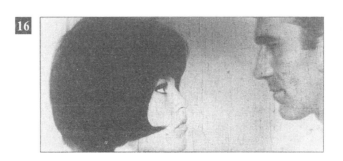

그래서 여배우는 계속 아파트 시퀀스에서 의상을 바꾸고 있는 것이다. 아파트에서 금발머리에 검은 가발을 쓰기도 하고(사진 16, 17) 바다처럼 푸른색의 정장, 옅은 초록색 꽃무늬의 원피스, 노란색 화장복, 얼룩덜룩한 수건, 붉은색의 다른 수건을 두르고 있는 그녀를 볼 수 있다. 이것은 누드 상태로 육체 자체를 드러내고 인물 앞에 육체를 내보이며 인물이 보는 앞에 몸을 더 이상 감추지 않기 위한 다양한 전략이다.

공간 이동에서 바르도의 자연스러운 침착함과 무기력은 고다르로 하여금 직접적이고 꾸밈없는 감각에서만 자신의 존재가 뚜렷이 나타나게 되는 인물 카미유의 난해함을 드러내도록 해주었다. 이렇게 경멸이 표출되는 바로 그 순간에 갑자기 시선에서 그녀가 폴에 대해 갖는 새로운 인식에서 연유하는 결별이 나타나는 것을 볼 수 있다. 또한 폴이 영화관에서 프로코시의 주장을 옹호할 때 그녀의 무관심을 읽을 수 있고, 나중에 폴이 카프리의 별장에서 프로코시와 대립될 때 여전히 표출되고 있는 그녀의 조롱을 읽을 수 있다.

브리지트 바르도는 아파트의 긴 신(**시퀀스 8의 분석 참조, p.141**)에서 인물 카미유에게 놀라운 저력을 부여한다. 왜냐하면 그녀는 여전히 거의 같은 리듬으로 그곳으로 이동해서 신의 이쪽저쪽에서 유지되는 어조에 폴을 무척 화나게 만드는 단조로운 억양으로 응수하고 있기 때문이다. 이것은 폴이 그녀에게 일이 잘 풀리지 않는다고 말할 때 그녀가 비속한 말의 지루한 반복을 늘어놓는 심각함을 참고해 볼 수 있다. 이때 여배우는 아주 '소극적인' 그녀의 음색을 이용해서 계속되는 입에 담기 어려운 욕설을 비극적인 응수로 바꿔 놓는다("멍텅구리, 비열한, 제기랄, 빌어먹을, 속보여, 개새끼, 망할…"). 반대로 고다르는 그녀가 **시퀀스 8**의 끝부분에서 "난 안 갈 거야, 난 안 갈 거야, 난 안 갈 거야…"라고 반복할 때 어린애 같은 억양으로 연기하도록 한다.

카미유는 대리석덩어리와 같아서 폴은 결코 그녀가 부여받은 경계 밖으로 밀어낼 수 없을 것이다. 폴이 별장의 계단에서 "당신이 나를 경멸하는 이유가 뭐야?"라고 묻자 카미유는 폴에게 "그거, 난 죽어도 말할 수 없어"(쇼트 165)라고 대답한다.

바르도는 그녀의 존재 방식과 말하는 방식을 통해 고다르로 하여금 인물 카미유의 불가사의한 측면을 강조하도록 했다. 폴과 전혀 다르게 그녀의 행동은 이야기의 비극적 양상을 확대하고 그것을 '탈심리화' 함으로써 더 근본적으로 소설적 근원을 벗어난다. 모라비아의 소설에서 에밀리는 이야기의 결말에서 화자에게 불투명하게 남는다 하더라도 그것은 무엇보다도 분석 소설로 남는다. 고다르의 영화는 용어의 고전적이고 충만한 의미에서 비극이다. 카미유는 자신이 사랑했던 남자를 왜 경멸하기 시작했는지 말할 수 없다. 왜냐하면 그것은 그녀의 심리적 의지, 그녀의 인간적 의식에 달려 있는 것이 아니기 때문이다. 그것은 운명의 장난이다.

폴의 부인 카미유 자발에 대해 관객은 그녀의 나이, 과거 타자수의 이력, 빈약한 교양("여행하는 유형의 이야기, 《오디세이아》도?"), 영화의 분위기에 대한 본능적 불신 이외에 대단한 것을 알 수 없을 것이다.

그래서 바르도는 율리시즈가 《오디세이아》의 결말 부분에서 여하튼 되찾게 되는 신화적인 여인 페넬로페와 똑같은 폴의 부인 카미유 자발이다. 곧바로 그녀는 1963년 조르주 사둘이 품질형용사의 그리스어 어원을 명확히 밝히면서 적절하게 지적했던 바와 같이 아름다운 엉덩이의 비너스처럼 카메라를 통해 소개된다. 시나리오의 차원과 부부 이야기의 차원, 상징적 차원인 〈오디세이〉 사이에 깊은 상호 영향은 고다르가 영화의 중간 장면에서 배우들에게 입게 했던 '고대의' 의상의 모티프의 근원에 해당한다. 어떤 연극적 전통 때문에 그것을 표현하는 습관이 생기는 것처럼 카미유와 폴은 차례차례 목욕을 하고, 그들이 몸에 두른 큰 수건들은 그리스 로마식 의상의 주름을 택하고 있다.

　모라비아 소설에서 레인골드는 인물 카미유의 구상을 알려 주듯 페넬로페를 재치있고 세련되게 묘사하고 있다. "페넬로페는 봉건적이고 귀족적인 고대 그리스의 전통적인 여인이다. 말하자면 그녀는 정숙하고 고상하고 도도하고 종교적이며 훌륭한 주부이자 어머니이며 부인이다. (…) 그래서 왕위 계승자들은 트로이 전쟁 이전에 페넬로페를 사랑했고 사랑하기 때문에 그리스의 관습을 따르면서 그녀에게 선물을 듬뿍 안겼다. 고대 방식의 기만하고 근엄한 여인 페넬로페는 이러한 선물을 거절하고 싶었을지도 모른다. 특히 그녀는 남편이 왕위 계승자들을 제거하는 데 관심이 있었을지도 모른다. (…) 그는 양식인으로서 자기 부인이 정숙하다는 것을 알고 있었기 때문에 경쟁자들이 환심을 사려고 애쓰는 것을 그리 개의치 않았다. (…) 물론 율리시즈는 페넬로페에게 그의 왕위 계승자들의 욕망에 굴하지 말 것을 전혀 조언하지 않은 것이 아니라 그들을 실망시키지 말도록 부추긴다. 왜냐하면 그럴 만한 가치가 없어서 그런 것처럼 보이기 때문이다. 남편의 이러한 소극성 이외에 다른 모든 것을 기대했던 페넬로페는 환멸을 느끼게 되어 귀를 의심하다가… 결국 남편의 충고를 따르게 되지만… 동시에 그녀는 남편에게 극도의 경멸감을 느낀다. 그녀는 자신이 남편을 사랑하지 않았다는 것을 느끼고 남편에게 말하기에 이르는데… 율리시즈는 그때 그의 지나친 신중함 때문에 페넬로페의 사랑을 잃게 되었다는 것을 깨닫게 되지만 이미 때는 늦은 것이었다."

— 알베르토 모라비아, 《경멸》, 플라마리옹, 4장.

영화에서 카프리의 별장으로 돌아가는 길에 논쟁이 벌어졌을 때 이러한 분석을 다시 시작한 것은 폴이다.

신화적 인물, 카미유

이러한 카미유의 신화적 차원은 아파트의 시퀀스에서 그녀를 가리키는 여러 가지 비유의 무척 다양화된 계통에 의해 나타난다. 말하자면 그것은 폴이 두들겨보는 금속 조각상, 폴이 책에서 보고 있는 에로틱한 그림들, 폴이 큰 목소리로 읽고 있는 고대의 콘테스트에 대한 문학적 묘사("나는 혼자서 세 미녀의 엉덩이 콘테스트를 생각했다."), 더 나아가 영화에서 카미유가 물에 뛰어들 때 인어의 육체적 이미지일 뿐만 아니라 아프로디테의 육체적 이미지이기도 하다. 거기서 카미유의 포즈, 카메라가 잠시 고정되는 정지 동작의 중요성이 생기게 된다. 카미유는 인물 그 이상이다. 그녀는 신화적 모델이다.

문화인이지만 인용들과 참고를 통해서만 생존하기 때문에 현실과의 관계를 방해하는 문화인 폴과 정반대로 카미유는 자연의 질서에 해당한다. 그런 의미에서 그녀는 랑과 마찬가지로 호메로스의 세계에 속한다. 게다가 영화의 두 순간에 독일 감독과의 공모가 강하게 드러난다. 우선 실버시네 극장에서 여가수를 오디션하는 동안 카미유가 폴과 떨어져 랑의 옆에 앉아 있을 때와 카프리의 별장에서 프로코시와 마주해서 폴이 설명하는 것을 조소하듯이 카미유와 랑이 똑같이 바라보고 있는 긴 신에서 볼 수 있다.

카미유는 문화로 인해 타락하지 않은 자연의 질서를 구현한다. 거기서 영화의 삼색의 프롤로그에서 육체적 아름다움과 중세의 문장과 같은 방식으로 상세하게 표현된 조각의 아름다움이 나온다.

리샤르, 미셸, 폴

리샤르 몰테니는 모라비아의 소설에서 편재하는 화자이다. 왜냐하면 일인칭으로 부부의 비극을 이야기하는 사람이 바로 그이기 때문이다. 그는 일련의 오해에 비추어 부인이 자기를 더 이상 사랑하지 않는다는 것을 차츰 알게 된다. 그것은 경험에 의거한 고백, 몇 달에 걸친 일련의 사건에 대한 주관적 판단이다. 소설의 기술은 인물의 관점과 화자의 관점을 중첩시키고 있다. 화자는 간접적으로 다른 중심 인물들의 대사 일부분을 다시 사용하거나 그들의 발언 중 몇 가지를 아주 짧게 요약한다. 다시 말해 어느 누구도 리샤르의 관점에서 결코 벗어나지 않는다. 이것은 제라르 주네트의 그 유명한 서사학 영역을 취하기 위해 '내적 초점 설정'의 이야기 유형 자체이다. 첫 페이지부터 화자는 우리에게 그의 아내의 이름 에밀을 알려 주고, 그 다음 제작자의 이름 바티스타를 알려 준다. 화자는 4장에 가서야 비로소 그의 부인이 하는 "리샤르, 당신 지금 어떤지 알아?"라는 대사를 통해 이름이 불리게 된다.

고다르의 서술적 편견은 다르다. 왜냐하면 그는 외부의 시선, 즉

영화의 시선을 중시하기 위해 화자의 시점과 내면의 목소리를 생략하고 있기 때문이다. "〈경멸〉의 주체는 바로 서로 바라보고 각자 판단하는 사람들이다. 그리고 자신의 배역을 연기하는 프리츠 랑에 의해 재현된 영화에서 차례로 주시되고 판단되는 사람들이다. 요컨대 영화의 의식, 영화의 정직함이다."

시점이 영화에서 중시된다면 그것은 바로 랑의 것이다. 결과적으로 한편 올림피아 산의 신들의 시점이고, 다른 한편 카미유의 시점이다. 왜냐하면 유일하게 그 인물만이 몽타주에서 주관적 영상들(로마의 별장 정원의 짧은 몽타주들, 작별 인사 메시지의 화면 밖 목소리)에 적합하기 때문이다. "〈경멸〉에서도 나는 내 영화의 인물들과 비교적 가까운 정상적인 거리와 동시에 아주 먼 거리에 있다. 그것은 위에서 보는 영화이다. 거기서 타이틀도 나온 것이다. 그리고 인물 프리츠 랑은 그러한 거리, 그러한 높이를 상당히 잘 나타낸다."(고다르, 1963)

그래서 고다르는 비인칭의 이야기를 선택하는 반면 이전의 영화들에서는 주관적인 화면 밖 목소리를 사용하는 것도 주저하지 않았다. 그러한 면은 특히 내면일기, 즉 구조가 모라비아의 이야기에 아주 가까운 고백처럼 나타나는 〈작은 병정〉(1960-1963)에서 분명하게 나타난다. 그러나 모라비아의 소설을 각색하면서 고다르는 폴의 시점을 받아들일 수 없었다. 왜냐하면 폴이라는 인물은 창작자를 저버리는 각색 시나리오 작가이기 때문이다. 그는 그 거리들을 더 강하게 명시해서 화자의 어떤 배려와 단절하고 싶어한다.

그래서 리샤르는 폴이 된다. 폴은 고다르가 이전에 〈비브르 사 비〉의 시작 부분에서 나나가 떠난 앙드레 S. 라바르트가 그 배역을 연기한 남자에게 부여했던 이름이다. 그 남자의 행동 때문에 나나는 절망에 빠져 매춘으로 전락하게 된다. 약 20년이 흐른 뒤〈할 수 있는 자가 구하라: 인생〉에서 고다르는 그 차원이 부분적으로 자전적인 자크 뒤트롱크가 연기한 감독을 폴 고다르라고 부르게 된다. 물론 장과 뤽과 폴은 세 복음주의자이다.

김 노박과 마주한 폴의 연기를 위해 고다르는 프랭크 시나트라를 생각했고, 퐁티는 이미 〈사생활〉(1961)에서 바르도의 상대역을 했던 마르첼로 마스트로이안니를 생각했다. 〈밤〉(1961)의 주연배우였던 마르첼로 마스트로이안니는 분명히 모라비아의 이야기의 안토니오니풍의 테마를 상당히 강조했을 것이다.

영화에서 폴을 상기시키는 것은 더 이상 시나트라가 아니라 〈섬 컴 러닝〉(1958)에서 그의 단역이다. 폴은 카미유에게 자신이 거의 벗지 않는 중절모에 대해 "이것은 〈섬 컴 러닝〉(1958)에서의 딘 마틴처럼 행동하기 위한 거야"라고 말한다. 우리는 짧은 몽타주의 순간적인 영상 이미지, 즉 부부의 과거와 그들의 잃어버린 행복의 영상에서 유일하게 모자를 벗은 모습을 볼 수 있을 뿐이다.

〈경멸〉에서 랑 역시 〈오디세이〉 촬영에서 고다르 자신이 배역을 연기한 랑의 조감독과 마찬가지로 줄곧 중절모를 쓰고 있다.

그래서 폴은 고다르가 피에르 셰날의 〈도시의 약탈〉(1958)에서 찍어두었다가 캐스팅한 미셸 피콜리가 연기하게 된다.

1963년 미셸 피콜리가 어려운 폴의 배역을 연기하게 되었을 때 그는 이미 30여 편의 장편 영화에 출연한 바 있었다. 그는 1945년 크리스티안 자크(〈마법〉)와 특히 루이 다캥(〈새벽〉) 역으로 데뷔했다. 르누아르(〈프렌치 캉캉〉, 1955), 알렉상드르 아스트뤽(〈악당과의 만남〉, 1956), 루이스 브뉘엘(〈애련의 장미〉, 1956)의 영화에서 그의 연기 이외에 이력은 오히려 《카이에 뒤 시네마》의 비평가들, 즉 장 들라누아(〈마리 앙투아네트〉)와 크리스티안 자크(〈나탈리〉)와 리샤르 포티에(〈타바랭〉)가 맹렬하게 비판했던 '고급 영화'와 연관되어 있다. 1961년 그는 장 들라누아(〈랑데부〉)와 스텔리오 로렌지(〈기후〉)를 위해 첫 배역을 연기한다. 1962년은 그에게 있어서 전환기의 해이다. 왜냐하면 우리가 장 피에르 멜빌의 〈밀고자〉와 르네 클레망의 〈낮과 시간〉에서 그의 모습을 다시 볼 수 있는 해였기 때문이다. 그는 마르셀 블루발이 연출한 〈돈주앙〉으로 텔레비전에서도 대성공을 거두었다. 그는 1960년 〈로마의 처녀들〉(비토리오 코타파비와 C. L. 브라가글리아) 같은 '고대 사극 영화'에 출연하기도 했다.

고다르는 1964년에 이렇게 설명하고 있다. "나는 정말 아주 좋은 배우가 필요했기 때문에 피콜리를 캐스팅했다. 그의 배역은 어려운 역이었는데 아주 잘 연기했다. 어느 누구도 그가 주목받을 만하다는 것을 알지 못했다. 왜냐하면 그의 배역은 아주 상세한 것이었기 때

문이다."(《스크립트》, 1964년 3월)

피콜리는 1970년 그의 입장을 분명히 밝히게 된다. "고다르는 나에게 묻기를 '〈경멸〉에 출연할 시간이 있소? 그러면 당신에게 읽을 책을 주겠소!' 내가 그에게 이미 모라비아의 소설을 알고 있다고 알리기라도 한 것처럼 그는 나에게 간단히 이렇게 전했다. '우리 2주일 후에 촬영을 시작합시다!' 그러고 나서 그는 나에게 시나리오를 주었다. 시나리오가 있었으니까. 마지막으로··· 그가 쓴 시나리오를 주면서 '배역은 당신이 〈리오 브라보〉를 연기하고 싶어했던 〈지난해 마리앙바드에서〉에서의 그런 인물이오!' 나는 금방 이해가 되었다. 더 이상 말이 필요없었지···. (···) 단 한번 나는 고다르가 원하는 것에 상반된 행동을 했다. 브리지트가 엉덩이 위에 탐정 소설을 올려놓고 완전히 누드로 있는 신 때문에 고다르는 〈노크없이 들어와〉라는 타이틀을 선택했다. 그는 책 제목을 잘 보일 수 있도록 배치했다. 거기서 실제로 나는 그것이 무의미하다는 것을 알았다. 브리지트 바르도가 그것을 아주 이상하게 생각한다고 할지라도 나는 그 책을 다른 방향으로 놓았다. 고다르는 무척 화를 냈지만 러시 필름을 보고 난 뒤 나에게 와서 내가 옳았다고 말했다. (···) 고다르, 그는 영화의 달인이다. 그는 모든 것을 알고 있다. 그에게 피해야 할 것은 아무것도 없다. 그는 테크닉으로 재주를 부린다. 그렇다, 그의 영화에는 많은 즉흥성이 있지만 그것은 더 이상 즉흥성이 아니라는 생각의 어떤 확신이 있는 즉흥성이다."(피콜리, 《영화 70년》, 1970, pp.91-92)

피콜리의 배우로서의 연기는 무질서하고 불규칙하며 단속적으로 말하는 방식 때문에 우리가 집요함과 어조의 단조로움을 강조했던 브리지트 바르도의 연기와 놀랍게도 대조를 이룬다. 폴의 대사는 질문, 즉 채 끝나지 않은 의문의 구조를 확장시킨다. 그의 부인의 반응을 더 이상 이해하지 못하는 인물의 혼란은 매 순간 대사와 제스처의 리듬을 바꾸는 피콜리의 계산된 서툶으로 교묘하게 설명된다. 폴은 택하고 있는 속도가 얼마나 빠른지 거의 모르고 있다. 그는 무기력한 카미유와 함께 도착해서 갑자기 빠른 속도로 출발하고, 다른 인물들의 리듬을 따라잡기 위해 달리기 시작한다(**시퀀스 2**의 끝부분에서 그가 치네치타에서 출발하는 장면, **시퀀스 8**의 끝부분에서 그가 택시에 올라타는 방식).

　이때 폴은 율리시즈의 모던한 얼굴을 보이고 있다는 것을 알 수 있다. 그는 설득력 있는 수사학에 익숙한 영웅이 아니라 그와 반대로 모던하고 우유부단한 영웅, 즉 진짜 페넬로페를 다시 찾으러 가야만 하는지 알지 못하고 제임스 조이스 소설에서 더블린의 저지대에서 배회하는 인물, 〈정사〉에서 실종된 여인을 찾기 시작하면서부터 안토니오니의 영화 세계를 독차지하는 인물이다. 그리고 감정에 대한 이러한 조사가 〈경멸〉에서 "이동 경로와 일주, 귀환의 사건"(알랭 베르갈라)이기도 한 〈오디세이〉를 통해 이루어지고 있다고 하더라도 놀라서는 안 된다.

　폴 자발은 소설에서처럼 영화에서 탐정 소설 시리즈, 상업 영화 시나리오의 눈가림손질과 같은 돈벌이를 위한 작업들을 강요받는 극작가이다. 고다르는 영화에서 주문받은 탐정 소설을 쓰는 작가의 모습을 보여주고 있다. 그는 독수리타법으로 타자를 쳐서 쓴 소설을 큰 소리로 읽는다. "특별기가 푸른 하늘에서 대기하고 있다. 렉스는 폴라의 작품에서 그가 이미 알고 있던 특성을 지적했다(…)."

그 순간에 타자기 소리는 파노라마 촬영으로 벽에 걸려 있는 오페라극장이나 연극 공연장를 나타내는 그림을 다시 촬영하는 동안 점점 더 커진다. 그것은 〈시민 케인〉의 오페라좌와 〈살랑보〉를 첫 공연으로 올린 수잔의 공연을 혹평하는 리랜드의 기사를 마무리하는 케인을 보여주고 있는 오슨 웰스 영화의 한 장면의 분명한 암시이다.

오슨 웰스의 영화에서 훨씬 더 분명한 두번째 암시는 영화의 좀더 뒷부분에 삽입되고 있다. 그때 카미유와 폴이 와서 앉는 바다를 향해 있는 별장의 계단 위에 푸른색 글씨로 쓰인 "들어가지 마시오"(사진 19)를 읽을 수 있다. 또한 그때 카메라는 〈시민 케인〉의 앞부분에서 대처의 회고록의 시작 부분 몇 줄을 따라가서 눈밭에 있는 어린 시절 케인의 첫 모습들이 나타내는 것과 같은 움직임으로 인서트와 측면 트래블링 촬영으로 카미유의 작별 인사 메시지를 프레임에 배치한다.

폴은 이전에 〈토토르와 헤라클레스의 대결〉의 시나리오를 쓴 바 있다. 그는 전직 타자수인 평범한 출신의 미모의 여인과 결혼을 했고 얼마 전 당시 그의 분에 넘치는 아파트를 한 채 구입했다. 그는 영화광이고(우리도 거기에 해당한다) 얼마 전 아무 생각없이 이탈리아 공산당에 가입했다. 이것이 영화가 우리에게 그 인물에 대해 알려 준 거의 모든 것이다.

시나리오에서 고다르는 분명하게 밝히길, "그 인물이 은근히 끌려 감정을 드러내지 않고 침울한 모습에서 종종 고통스러운 영혼을 숨기고 그것을 고백하고 싶어하지 않으면서 자아를 모색하는 선동

자라고 말할 수 있다면 갱스터류의 영화에서 보기 싫은 모습이지만 호감이 가는 듯하면서도 반감이 드는 서른다섯 살쯤 되는 사람이다. (…) 사실 그는 걸어가면서 발걸음이 확인되는 것처럼 행동과 대사를 통해 자아 확인을 위해 행동하고 말한다. 그는 현재의 충만함과 단순함 속에서 살 수 없다. 거기서 그의 정신적 혼란과 돌이킬 수 없는 어설픔이 일게 된다.”

따라서 폴은 청탁을 받고 작업하는 각색 시나리오 작가이다. 그가 영화 제작 연계망에서 수행하는 역할은 《카이에 뒤 시네마》 유파, 특히 1954년 단짝인 장 오랑슈와 피에르 보스트를 반박하는 유명한 글 “프랑스 영화의 어떤 경향”에서 프랑수아 트뤼포가 아주 격렬하게 비판했던 것과 같은 역할이다. 모라비아의 소설 《경멸》의 화자는 저자 자신과 같은 형식의 예술적 표현을 사용하고 있다.

어떤 의미에서 장 뤽 고다르는 리샤르 몰테니와 폴 자발처럼 그의 작가적 재능을 매춘하고 있다. 이것이 〈비브르 사 비〉에서 〈탐정〉에 이르기까지 〈할 수 있는 자가 구하라: 인생〉의 언어적 포르노그래피의 연계망을 망각하지 않고 그의 작품에 관류하고 있는 주요 테마들 중 하나이다. 그는 상업 영화 제작자들(퐁티와 더불어 레빈)을 위해 가장 상업적인 영화 산업에서 평판을 손상시킨 여류스타를 출연시켜 유명한 작가의 소설 각색을 수락한다.

고다르는 사도마조히즘의 경향이 없지 않지만 폴에게 인칭적 어떤 특성들을 제공하기에 이른다. 그는 영화의 조감독이 쓰고 있는 것처럼 폴에게 중절모를 씌워 우스꽝스럽게 꾸미고 그들의 옷차림노 아주 유사하다. 폴은 문학 작품을 인용하는 버릇이 있고, 고다르의 영화에 대한 참고와 영화적 기호(하워드 혹스 · 로베르토 로셀리니 · 니콜라스 레이)가 있으며 프리츠 랑에 대한 찬미를 공유한다. 아파트 신은 자전적 요소들로 채워져 있다.

하지만 고다르는 폴이 〈오디세이〉의 각색가–대사 작가일 수밖에 없는 것처럼 모라비아 소설의 각색가–대사 작가일 뿐이다. 그는 우선 미장센의 책임을 대담하게 전적으로 지고 그것을 서명하는 사람이기도 하다. 고다르의 영화는 작가주의 영화의 세 가지 모델이라고 할 수 있는 오슨 웰스 · 사샤 기트리 · 장 콕토의 영화에서처럼 앞자막을 화면 밖 목소리로 전한다. 고다르는 감독 프리츠 랑의 조감독을 연기하면서 영화에 이중으로 이름을 올리고 있다. "나는 프리츠 랑이 〈경멸〉에서 촬영했던 〈오디세이〉의 쇼트들을 촬영했지만 나는 그의 조감독 역을 연기했기 때문에 프리츠 랑은 그것이 제2의 촬영팀

에 의해 촬영된 쇼트들이라고 말한다."(고다르, 1963)

소설에서 몰테니는 책을 쓰고, 고다르는 〈경멸〉에서 〈오디세이〉를 찍는 랑이 영화를 만드는 것으로 여겨지듯이 영화를 촬영하고 있지만, 더 정확히 말하자면 제작자에게 자신의 재능을 파는 폴 자발이 시나리오를 각색하지 않는 것처럼 영화를 촬영하고 있다.

이러한 서술적 장치가 예술의 운명, 특히 1960년대초 문화 산업의 세계적 압축 롤러와 같은 미국의 경제적 지배에 직면한 영화의 운명에 관한 더 폭넓은 논쟁에 부부의 위기를 삽입하면서 모라비아의 초기 문제 제기를 대신한다. 영화의 결말에서 비열한 제작자는 율리시즈의 옹호자의 호의와 액체 운반트럭의 갑작스러운 출현으로 희생되기 때문에 극작가는 본연의 사명으로 다시 돌아가 곧 자신의 희곡 작품이나 소설적 고백록을 쓸 수 있게 될 것이다. 동시에 젊은 조감독은 노장 감독의 명령을 수행하고 지나치게 유혹하는 수표로 평판이 위태로워지는 순간 창작의 신성한 의무에 따르게 된다. 고다르는 영화 창작을 역학 관계, 즉 창작자와 돈밖에 모르는 사람의 거창하고 치명적인 싸움으로만 생각할 수도 있다. "조용히, 레디 고!

조용히!" 그리고 카메라는 태초의 세계처럼 결코 푸르지도 맑지도 않았을 오디세이 시대의 지중해를 응시하고 있다.

'중재인' 프란체스카 바니니

"더구나 인물들은 각기 자신만의 언어로 말한다. 그것은 〈조용한 미국인〉에서와 같이 외국에서 상실된 사람들의 감각을 부여하는 데 기여할 수 있는 것이다."(고다르, 1963)

프로코시의 어떤 상황에도 유용한 비서이자 통역자인 프란체스카 바니니(사진 21)는 고다르 자신이 연기한 프리츠 랑의 조감독과 함께 모라비아의 소설에는 존재하지 않는 인물이다.

프란체스카라는 인물은 사실 소설에서 잠깐 그려지고 있는 비서 인물의 변형된 전개이다. 몰테니는 그의 시나리오를 위해 타이피스트의 서비스를 활용한다. 그녀는 그에게 여러 번 되풀이하여 욕정을 불러일으킨다. 어느 날 그들은 잠깐 키스를 하다가 에밀리의 예기치 않은 등장으로 놀라게 된다. 고다르는 이러한 에피소드를 프로코시의 별장(긴 **시퀀스 쇼트 78의 끝부분**)에서 프란체스카의 엉덩이를 툭툭 치는 것(사진 22)으로 바꾸었다.

주요 인물들의 국적과 언어의 복수성은 **영화의 지배적인 주제들 중 하나**가 된다. 그것은 고다르가 자신의 시나리오에 국제적인 공동 제작의 제약들을 통합하고 보통 배우들을 단 하나의 언어로 후시녹음하면서 그것을 제거하는 방식이다. 〈경멸〉은 1950년대 로베르토 로셀리니의 영화미학에 따른 영화의 제작과 촬영에 관한 다큐멘터리이기도 하다.

이 영화의 다섯 명의 주요 인물들은 그들의 언어 능력에 따라 대조를 이룬다. 프란체스카는 프리츠 랑과 함께 가장 많은 언어, 즉 프랑스어 · 미국식 영어 · 독일어 · 이탈리아어를 아주 유창하게 구사하는 인물이다. 카미유와 폴은 프랑스어만 구사하고 이해할 수 있을 뿐이다. 두 사람은 서툴게 영어를 몇 마디(전화상으로 프로코시에게 대답하기 위해 혹은 폴이 늦을 이유를 설명할 때 **"길… 모퉁이… 택시 부**

르다 … 충돌 (…) 오래 걸었지, 오래… 오래… 오래 걸었지") 구사한다.

프로코시는 미국식 영어만 유창하게 구사할 뿐이다. 특히 그는 대화자들에게 눈길도 주지 않고 말하면서 그들이 마치 자기를 충분히 이해하고 있는 것처럼 행동한다.

그러므로 프란체스카와 프리츠 랑은 같은 편에 속한다. 그들은 신들의 편이다. 인류의 언어는 그들에게 장애물이 아니다. 그들은 미숙한 어린아이들처럼 불리한 조건에 행동이 부자연스러운 다른 세 인물들의 언쟁을 아이러니컬하게 살피고 있다. 그로부터 프란체스카가 부재하는 드문 순간이나 그녀가 통역을 하지 않을 때, 즉 로마의 별장에 폴의 도착, 주유소의 시퀀스에서 지배적인 아주 심한 신상이 일게 된다.

〈경멸〉의 인물들은 라틴 전통에 따라 그리스 신들을 열거하는 것(폴은 프로코시가 그에게 《로마의 사랑》을 제공할 때 "《오디세이아》는 그리스어로 되어 있다"는 것을 분명하게 밝힌다)을 주목할 수 있다. 모라비아 소설의 언어 이탈리아어는 라틴 문화를 통해 《오디세이아》를 상기시키지만 고다르는 〈오디세이〉에 관한 토론의 깊은 '문화교류성'을 강조하기 위해 미네르바와 넵투누스의 이름들을 유지했다. 직접 호메로스의 세계를 접근하는 것은 불가능해지게 된다. 모던한 시선을 위해 호메로스는 초기의 그리스어를 코드 변환하는 언어들, 즉 라틴어·이탈리아어, 19세기 고고학의 독일어·프랑스어, 프로코시의 달러 미국식 영어의 얽힘에 의해 다시 어쩔 수 없게 매체로 전파된다.

프란체스카는 치네치타의 스튜디오에서 화면 밖 목소리로 이탈리아어로 그녀의 성으로 불리게 된다. 고다르는 고유의 성 바니니를 강조한다. 그 이름은 게다가 명백하게 영화사에 의해 제작된 로베르토 로셀리니의 마지막 작가주의 장편 영화 〈바니나 바니니〉(1961)의 영화 포스터에 쓰인 영화 제목에 해당한다. 그러나 이런 최근의 영화보다는 〈경멸〉이 참고한 영화는 〈파이자〉(1946), 〈스트롬볼리〉(1951), 물론 〈이탈리아 여행〉이다. 이 세 편의 로베르토 로셀리니 영화가 여러 가지 언어의 다양한 사용과 그러한 언어들이 유발시키는 비극적 오해, 즉 〈경멸〉처럼 '더빙될 수 없는'(어쨌든 전체적으로 곡해되는 것을 무릅쓰고 더빙될) 세 편의 영화, 〈파이자〉에서 독일어와 영어, 이탈리아 방언, 〈스트롬볼리〉와 〈이탈리아 여행〉에서 영어와 이탈리아어, 시칠리아 방언을 첫번째 쇼트에 담고 있는 것을 사실 우리는 떠올리게 된다.

따라서 본질적으로 로셀리니적 인물 프란체스카 바니니는 젊은 이탈리아 여배우 조르지아 몰이 연기하게 되었다. 그녀는 1955년부터 이미 20여 편의 장편 영화에 출연한 바 있다.

1957년 비평가 고다르의 주의를 끈 것은 분명히 맨케비츠의 〈조용한 미국인〉에서의 아주 특별한 그녀의 배역이다. 그렇지만 로베르토 로셀리니의 영화들과 마찬가지로 〈조용한 미국인〉은 대부분의 맨케비츠 영화들처럼 대사가 아주 많은 영화에 1950년대 식민지 사이공에서의 여러 개의 언어, 즉 영어 · 프랑스어 · 베트남어를 삽입하고 있다.

프란체스카는 인물들의 대화를 솔선해서 요약하거나 다르게 표현하면서 아주 자유롭게 통역한다는 것을 주목해 볼 수 있다. 예를 들면 그녀가 횔덜린 시의 두 가지 판본을 진정으로 토론할 수 있는 사람은 프리츠 랑뿐이다. 그녀는 대개 노장감독처럼 조소적으로 입장을 고수하는 증인이다.

그녀의 사장과의 관계는 모호한 상태이다. 그녀는 순종하는 모습을 보이고, 예를 들어 프로코시가 필름통들을 던지며 화를 낼 때에도 충돌을 막으려고 시도한다. 하지만 그녀는 항상 어느 정도 거리를 두고 바라보게 되는 폴과의 대화는 거부한다. 이런 면은 특히 영화의 끝에서 카미유와 프로코시가 죽고 난 뒤 그녀가 계단에서 폴과 지나치며 마주치게 되었을 때 분명하게 나타난다. 그녀는 미소 짓는 모습으로 영화에서 가장 불가사의한 인물로 남는다. 이런 면에서 그녀는 처음의 러시 필름에서 볼 수 있는(쇼트 11) 처녀 코레의 얼굴의 미소를 상기시킨다. 이것은 신들의 메시지, 즉 정보들을 전달하지만 결코 연루되지 않는 메시지이다.

프란체스카는 어느 순간 카미유의 분신, 자기 도취적 거울이다. 그녀는 카미유처럼 카프리의 시퀀스에서 '질투의 색 노란색' 화장복을 입게 된다. 그녀의 행동 방식은 같은 무기력한 우아함을 나타낸다. 하지만 그녀는 갈색 미모가 페넬로페의 금발 미모와 대비되면서 '다른 여인'이기도 하다. 이런 의미에서 그녀는 헤르메스에게 노시카와 시르세의 매력을 덧붙이고 있다.

프란체스카는 우선 하나의 목소리, 즉 생기 있는 억양이 카미유의 어린애 같고 파리풍에 아주 가까운 음색과 대비되면서 약간 이탈리아 악센트로 듣기 좋게 말하는 문장의 총체이다. "그녀의 목소리는 다른 어조로 카미유와 폴 자발, 프리츠 랑, 프로코시로 이루어진 4

중주의 다른 바이올린 멜로디를 연주하는 보조 바이올린과 같은 것일 수 있다."(고다르, 《경멸》의 시나리오》)

프리츠 랑의 조감독: 배우 장 뤽 고다르

〈경멸〉은 소설에서처럼 시나리오의 처음 구상 이야기를 하는 것이 아니라 완성 단계의 촬영 이야기를 하는 것이기 때문에 고다르에게 감독과 현행의 기술진을 등장시키는 것이 가능한 일이었다. 이렇게 그는 앞자막에 소개되지 않고 자신이 연기한 프리츠 랑의 첫 조감독의 역할을 만들어 낸 것이다.

이것은 분명히 히치콕 영화에서 이루어지듯 고다르에게 있어서 그 자신의 영화에 출연으로 자기 영화임을 서명하는 보족적인 방식이다.

〈경멸〉에서 고다르는 제2 촬영팀의 책임자인 프리츠 랑의 조감독이다. 이러한 사실로 그는 미국의 대형 제작사처럼 제2의 팀으로 촬영한 〈오디세이〉 쇼트들의 작자로서의 자격을 떠맡는다. 배우의 지침은 폴의 어떤 무기력함이 끊임없이 돌변하는 조감독의 민첩함에 촬영의 히스테릭한 관계들을 책임지는 것처럼 보이게 되면서 프리츠 랑의 침착과 기품을 대비시킨다.

고다르는 처음에 아주 보잘것없는 단역일 뿐이다. 그는 촬영기사 카롤루스(그의 조감독 샤를 비치가 통역한)에게 몇 가지 주문을 한다. 앞자막의 내용을 설명하는 것은 그가 아니라 더 낮고 심오하며 약간

음울한 다른 남자의 목소리이다. **쇼트 36**에서 스크립터가 **"카메라 … 갑시다… 컷 701, 세번째!"**라고 소리치자 조감독의 목소리(고다르의 목소리)는 프리츠 랑이 "카메라"라고 소리칠 때 "딱딱이"라고 소리친다. 그러나 프리츠 랑과 함께 〈오디세이〉의 촬영을 지휘하는 것은 고다르의 목소리이다.

조감독의 실루엣은 키클로페스의 에피소드 촬영 때(시퀀스 10) 더 분명하게 나타난다. 그는 특히 **쇼트 143**에서 **쇼트 145**까지 배 위에서, 그리고 **쇼트 150**에서 그가 화면 영역을 여러 번 가로질러 가기 때문에(사진 23) 보인다.

쇼트 143에서 이탈리아인 조감독은 메가폰으로 "조용히, 카메라! 밖으로! 화면!" 하고 소리치자 고다르가 연기한 조감독은 화면 영역의 카미유와 폴의 앞으로 들어가 그들에게 "물러서, 카메라에 들어오잖아"라고 말한다. 더 분명하게 이 에피소드의 배우들 배치에 할애된 다음 쇼트에서 조감독은 이런 주문을 한다. "모두들, 제자리에 … 알프레도… 노시카… 아니… 율리시즈, 화면 영역으로 들어오지 말고… 아니… 딱딱이!"라는 이러한 주문은 메가폰을 이용해 이탈리

아어로 다시 전달된다.

그는 글자 그대로 미장센을 구성하고 프리츠 랑을 위해 촬영을 준비한다. **쇼트 145**의 끝에서 폴은 첫 컷에 천으로 된 의자에 앉아 있다. 조감독은 그 앞을 잠시 후 지나가 폴이 마지막 쇼트에서 율리시즈를 마주쳐 지나가게 되는 것처럼 조감독 인물을 폴과 율리시즈와 연결시키는 삼중의 그림자를 나타나게 하면서(사진 20) 그를 가리게 된다.

이 시퀀스의 마지막 쇼트에서 배 위에서의 모든 촬영 구성을 익스트림 롱쇼트로 잡는다. 조감독은 화면 영역의 이쪽 끝에서 저쪽 끝으로 달려가 "랑 감독님… 처녀들이 물 속에 있어요"라고 소리친다. 랑은 그에게 감사의 표시를 하며 의자에서 일어선다. 율리시즈는 프레임 안으로 들어오고 카메라는 카미유와 프로코시를 태우고 멀어지는 모터보트의 항적이 보이도록 바다를 향해 긴 파노라마 촬영을 한다. 이때 계속 울려 퍼지는 교향곡과 함께 팔을 들어올린 넵투누스가 등장한다. ---

여기서 조감독과 폴, 율리시즈 사이에 제휴가 결집되고 〈오디세이〉 촬영의 뒤얽힘, 율리시즈의 여행, 다시 마지막으로 카미유를 왕위 계승자의 틈으로 밀치는 폴 부부의 비극과 숭고한 운명이 결집된다.

조감독은 운명의 역할을 완수하기 위해 마지막 쇼트(**쇼트 175**)에 여전히 주피터와 같은 랑의 세속적인 팔처럼 개입한다. 그는 이어서 자기 분신에 놀라듯이(사진 20) 폴 앞에 정지 시간을 나타내는 율리시즈를 마주쳐 지나간다. 고다르의 아주 특이한 목소리가 폴이 감독에게 작별 인사를 하면서 랑 감독과 마지막 개인적인 대화와 대조적으로 쇼트 촬영에 필요한 기술적인 모든 주문을 열거하게 된다. 조감독은 소리치길, "조셉, 스크립터… 프레임을 잊지마, 카롤루스… 초점… 율리시즈… 바다를 향해… 조용히, 촬영 시작해… 카메라… 트래블링… 조용히…." 이러한 주문들은 모두 프란체스카가 통역한 대사들과 순서가 뒤바뀐 과정에 따라 메가폰을 이용해 이탈리아어로 되풀이된다. 조감독의 목소리는 창작자의 서비스에 해당하고 그것은 시네마라는 신의 목소리 그 자체이다. 즉 지중해의 텅 빈 푸른 망망대해를 응시하면서 조용히 촬영하는 중에만 들을 수 있는 목소리이다.

조감독의 등장이 영화에서 어떻게 점점 더 주목받게 되는가를 알 수 있다. 처음에 그는 외화면 영역으로 큰 소리로 말하는 목소리만 있을 뿐이었다. 두번째 그는 감독에게 충실한 오른팔로 점점 더 많이 활동하는 실루엣이다. 끝으로 에필로그에서 조감독은 감독의 대변인, 그의 정신적 아들, 영화 창작의 신성한 작품을 연장하게 될 인물이 된다. 이런 의미에서 조감독은 프란체스카의 남성에 필적하는 인물이다. 두 사람 모두 신적 존재 랑을 오른쪽과 왼쪽에서 에워싸고 있다.

마지막으로 최종의 움직임은 〈오디세이〉의 카메라와 〈경멸〉의 카메라가 서로 만나는 지점, 즉 율리시즈가 자신의 조국 이타크를 되찾게 될 때 율리시즈의 최초 시선의 지점에 이른다.

시퀀스 분석

우리는 영화의 시작 부분, **쇼트 1-3**(앞자막: 사진 24-26)과 **쇼트 4-5**(프롤로그), 그리고 폴과 카미유 아파트에서의 핵심적 장면인 시퀀스 8을 분석 대상으로 삼았다.

앞자막: 신성시된 영화

묘사와 분석

〈경멸〉의 앞자막은 그 독특함 때문에 금방 아주 유명해지게 되었다. 이런 방식은 지적한 바와 같이 프레데릭 미테랑의 영화 〈별과 돛〉(대사없이 단지 음악만을 주제로 하고 있는)에 대한 텔레비전 방송으로 활용되기도 했다.

영화는 검은 바탕에 간결한 세 개의 자막으로 시작한다.

1. '영화검열등록필증 n° 27.515.'

2. 검은 스크린의 많은 부분을 차지하고 있는 컬러 활자(푸른색·흰색·붉은색)로 되어 있는 '코시노르(COCINOR) 배급.'

3. 바이올린 음악의 휴지로 배가되는 아주 눈에 잘 띄는 붉은색 큰 글씨로 쓰인 제목 '경멸(LE MEPRIS).'

세 개의 자막 전체 시간은 약 16초이다.

그러고 나면 영상이 보이기 시작한다.

4. 바다 가까이에서 잡은 익스트림 롱쇼트. 아주 강조된 관점으로 치네치타의 길. 소실점으로 왼쪽에 스튜디오 건물들, 스크린에 직각으로 교차하는 오른쪽에 트래블링 레일, 화면 영역 안쪽에서 달리에 앉아 있는 촬영기사를 중심으로 영화기술팀 몇몇이 보인다. 그들 뒤로 도시의 현대식 건물들이 보인다. 화면의 전경은 비어 있다. 촬영조수가 달리를 밀고 있다. 촬영기사는 노란 오렌지색 스웨터와 회색 치마를 입은 처녀 프란체스카를 화면에 담고 있다. 그녀는 책을 읽고 있고 그녀 뒤를 붐마이크맨이 따라가고 있다. 그들은 아주 천천히 카메라를 축으로 첫번째 쇼트로 나아간다. 음악이 영상과 함께 처음 시작되고 아주 가까운 누 소리 반향 쇼트로 말하는 굵은 남자의 목소리가 들린다. "이 영화는 알베르토 모라비아의 소설이 원작이다. 브리지트 바르도와 미셸 피콜리가 출연한다. 그리고 프리츠 랑" 등도 (p.19 전체 텍스트 참조) 출연한다. 목소리는 각 팀의 이름 다음에 잠시 멈추고 음악은 약간 볼륨이 높아진다.

팀이 첫번째 쇼트에 등장했을 때 상승 파노라마 촬영은 인물들을 다시 화면에 잡고, 그러고 나서 로우 앵글로 잡은 영상으로 재현된 카메라를 화면에 담는다. 촬영기사는 필터를 통해 태양을 바라본다.

영화로 촬영된 카메라의 시네마스코프란 인화형이 촬영하는 카메라에 오버랩된다. 영화는 촬영된 카메라를 영사실에 고정시켜 놓은 것처럼 보인다. 뒤에 로우 앵글이 끝나면 아주 푸른 하늘이 보인다.

촬영감독 라울 쿠타르의 모습을 선명하게 볼 수 있다. 설명 자막의 끝에 제작사 이름이 나오고 두 대의 카메라가 중첩되었을 때 목소리로 설명된다. 앙드레 바쟁에 의하면 "영화는 우리의 시선을 욕망과 일치하는 세계로 대체한다. 〈경멸〉은 그런 세계의 이야기이다."

앞자막의 지속 시간: 1분 47초

타이틀 자체와 세 개의 첫 자막에 이어서 화면 밖 목소리와 글자로 쓰인 텍스트없이 고다르는 설명 자막, 특히 오슨 웰스의 〈위대한 앰버슨가〉(1942)의 자막에 경의를 표한다. 게다가 웰스는 세 개의 첫 자막 약자로 이중으로 인용되었고, 타이틀은 큰 글씨로 〈시민 케인〉(1941)의 첫 자막 형태를 재현하고 있다.

삼색으로 된 코-시-노르(Co-Ci-Nor)는 〈여자는 여자다〉의 삼색 자막을 참조하고 있다. 이것은 고다르의 경우 제작사의 국제주의와 언어의 다양성으로 특징지워지는 영화에서 국가의 색들을 표방하는 방식이다. 코시노르는 프랑스 영화를 배급하는 프랑스 회사이다. 삼색(때로는 노란색의 흰색으로의 빈번한 대체로)은 영화의 색채 가치 전체를 구성한다.

〈경멸〉은 스크린에 붉은색으로 씌어 있고, 이것은 이러한 색채를 감정의 되풀이되는 주제로 표방한다. 영화관의 스크린에 아주 큰 글자들의 규모는 게다가 시네마스코프로 관객과 인물을 압도하는 예측하기 어렵고 억제할 수 없는 사건처럼 경멸의 타이틀과 테마를 우선 아주 강하고 모성에 관한 두 곡의 음악에 연결된다. 경멸이란 말은 글자 그대로 하늘에서 떨어진다. 분명히 이것은 비극의 타이틀이다. 타이틀의 붉은색은 프로코시의 스포츠카 알파 로메오의 붉은색, 왕위 계승자 피의 붉은색, 사고가 났을 때의 붉은색을 예고한다.

처음의 붉은색은 '끝' (쇼트 176)이란 단어의 푸른색, 즉 바다와 지중해의 상징, 하늘과 바다의 푸른색에 덮이게 되어 붉은색이 사라지고 난 뒤 세계의 기원에서처럼 푸른색과 대조를 이룬다.

스튜디오의 길 영상은 아주 강조된 화면의 심도로 특징지워진다. 소실점은 화면 영역의 안쪽에서 소멸된다. 관점은 오른쪽의 레일과 직각으로 교차되어 확대된다. 당장 고다르는 특히 프레임의 측면 가장자리를 채우고 중간 화면을 빈 상태로 놓아둠으로써 스코프(영상을 횡적으로 변형시키는 영화기법-역주) 기법의 프레임 구성의 특수성을 노리고 있다.

거리는 텅 비어 있고 공간은 죽은 것처럼 보이며, 보통 작동중인 러시 필름처럼 촬영되어 영화스튜디오의 일상적인 재현과 상반된 빙향으로 진행된다. 현대식 건물들은 비어 있는 공간("그는 어제 모두 팔았다. 프리쥐닉이 곧 세워질 것이다"라고 프란체스카가 말한다)을 침입하는 것처럼 후경을 에워싸고 있다.

그럼에도 불구하고 이 공간은 화면의 안쪽에서 나와 공간 전체를 차지하게 되는 소그룹이 차지한다. 지배적 요소는 설명 자막의 이름들의 전례와 같은 열거와 함께 아주 느린 전진이다. 분명히 제의식, 의식의 문제이다. 프란체스카는 성서를 읽으면서 신의 메신저처럼 앞으로 나아간다. 이런 재현의 예지력은 러시 필름의 시퀀스에서 미네르바의 흉상이 그런 것처럼 쇼트의 끝부분에서 촬영된 카메라 자체와 연관이 있다. 우리는 지가 베르토프가 이웃의 영상으로 〈카메라를 든 사나이〉를 시작했던 것을 떠올리게 된다. 미네르바-아테네가 주피터의 뇌에서 태어나듯이 로우 앵글로 프레임에 가득 찬 카메라에서 삼각대 위에 다른 카메라를 잡고 있는 키 작은 촬영기사가 꼭대기에서 나타난다. 여기서 스코프의 사각형 인화형은 넵투누스가 미네르바가 나타난 뒤 관객을 향해 똑바로 바라보는 것처럼 외눈을 직시한다.

모든 것은 성스러운 순간처럼 촬영(시각과 청각)의 순간을 나타내도록 움직인다. 그리고 프란체스카는 이런 의식의 첫번째 인물이다.

끝으로 제작사들을 언급하고 나면 화면 밖 목소리로 《카이에 뒤 시네마》 유파의 정신적 아버지에게 헌정하는 앙드레 바쟁의 문장을 첫머리에 인용하고, 영화가 그 나름대로 예시하게 되는 시퀀스 쇼트의 사실적 미학을 표방한다. 사실 영화는 우리의 시선을 우리의 것과 다른 세계, 즉 '영화의 세계'로 대체하게 된다고 말할 수도 있다. 하지만 이런 세계는 우리의 욕망과 거의 일치하지 않는다. 그러므로 이것이 〈경멸〉의 스토리가 될 것이다.

프롤로그: 경멸 이전 부부의 조화

쇼트 5(시퀀스 1)의 묘사

침대 위에 누워 있는 남녀를 미디엄 쇼트 하이 앵글로 잡은 첫 번째 쇼트에 여자(카미유)는 누드로 배를 깔고 엎드려 있고, 남자는 맞은편에 시트로 아랫도리를 덮고 여자 뒤에 팔을 괴고 티셔츠 차림으로 누워 있다. 그들 뒤편으로 주조된 철제 침대의 머리 부분이 보인다. 남자는 부인의 금발 머리채를 만지작거리고 있다. 여자는 다리를 흔든다. 영상은 내밀하고 공간의 내부 열기가 있는 분위기를 강조하는 붉은색 필터로 덮여 있다. 앞자막의 음악은 쇼트 처음 몇 초 동안 점점 약해지다가 멈추고 카미유의 목소리로 대체된다.

카미유   모르겠어. 친정에 갈까 생각해, 그리고 나서는 모르겠어.

폴   마음이 내키면 (…) 4시에 치네치타로 나를 만나러와. 나는 그 미국인과 이야기를 좀 해야 돼.

카미유   그래, 봐서.

폴은 계속 카미유의 머리채를 만지작거리고 있다. 카미유는 때맞춰서 첫 질문을 하는 순간 계속 발을 흔들고 있다.

카미유   (오히려 어린애 같은 목소리로) 거울에 비친 내 발 보여?

폴   (아주 굵은 어조로) 보여.

카미유   다리가 예쁘다고 생각해?

폴   예뻐, 아주.

카미유   그러면 발목은, 발목을 사랑해?

오른쪽으로 가볍게 측면 트래블링으로 카미유와 폴을 꽉 찬 쇼트로 잡는다. 움직임은 아주 느리고 대화하는 동안 연속적으로 계속된다.

폴	사랑해.
카미유	무릎도 사랑해?
폴	그럼, 무릎도 많이 사랑하지.
카미유	그러면 허벅지는?
폴	그것도 사랑해.
카미유	(그녀는 머리를 베개에서 가볍게 낮추어 잠시 동안 폴을 바라보지 않는다) (더 낮은 어조로) 거울에 내 뒷모습이 보여?
폴	보여.
카미유	내 엉덩이 예쁘다고 생각해?
폴	예뻐, 아주.
카미유	내가 무릎 꿇기를 바라?
폴	아니, 괜찮아. (그는 카미유의 어깨에 손을 올린다.)
카미유	그러면 내 젖가슴은, 젖가슴 사랑해?
카미유	사랑해, 아주 많이. (남자는 키스를 하기 위해 카미유가 있는 쪽으로 움직인다.)
카미유	폴, 부드럽게, 아주 강하지 않게.
폴	미안.

음악이 잠시 중단된다. 프레임은 그들의 얼굴에 더 가까워진다. 카미유는 여러 번 반복해서 손을 움직여 머리채를 매만진다.

카미유 (여전히 낮은 어조로, 거의 폴의 귀에 대고 속삭이듯 하면서) 내 젖가슴, 젖꼭지 중 어떤 것을 더 좋아해?

폴   모르겠어, 똑같이 좋아해. (폴은 카미유의 어깨에 손을
        올리고 움켜쥔다.)

붉은색 필터는 2분이 지나고 사라진다. 그때 아주 강한 인공
조명이 카미유의 구릿빛 몸을 비춘다. 살갗의 구릿빛은 변한 금
색의 노란 덮개색으로 확대된다. 어깨에서 발까지 카미유의 몸
을 따라 왼쪽으로 긴 묘사적 트래블링이 시작된다. 음악은 붉은
색 필터가 사라짐과 동시에 다시 시작한다.

카미유   그러면 내 어깨는, 어깨도 사랑해? (그녀는 몸을 돌
          려 폴의 어깨에 손가락을 댄다.)

폴   사랑해.

카미유   (더 어린애 같은 어조로) 나는, 어깨선이 없다는 생각
          이 들어.

이때 카메라는 여자의 다리 아랫부분과 발을 잡고 반대 방향
으로 다시 움직여 카미유 얼굴의 4분의 3 측면을 클로즈 쇼트로
잡기 위해 오른쪽으로 움직인다.

카미유   그러면 내 팔도?

폴   사랑해.

카미유   그러면 내 얼굴은? (그녀는 상체를 들어 폴을 바라본

다.)

푸른색 필터가 다시 영상을 흐리게 만들기 위해 영상에 삽입
된다. 음악이 계속 흐른다.

폴   물론. (카미유는 머리칼을 쓸어 올린다.)

카미유   (폴의 옆모습 앞에 얼굴 클로즈업, 오른쪽으로 유혹하
         듯, 그리고 더 강하고 분명한 어조로) 모두 다? 입,
         눈, 코, 귀도?

폴   사랑해, 모두 다.

카미유   (점점 더 심각한 어조로) 그러면 당신은 나의 모든 것
         을 사랑하는 거야!

폴   (더 강하게, 심각함에 잔향이 생기도록 된 마이크에 가
         까워지는 효과로) 그래 나는 당신을 사랑해, 전부 아
         주 끔찍할 정도로.

카미유   폴, 나 역시.

음악이 몇 초 동안 이어진다. 폴은 키스하기 위해 카미유의 볼
에 손을 댄다.

총 지속 시간: 약 3분 7초

그리고 나서 다음 쇼트로 이어질 때 갑자기 음악이 멈춘다. 폴은
치네치타에 도착해서 프란체스카에게 인사를 한다. "안녕, 잘 지내
요?"

부연 설명

이 시퀀스는 형식적인 과감성이나 창의력, 신중함을 주목할 만한 가장 아름다운 러브신 중 하나와 관계가 있다. 알다시피 이 신은 제작사가 강력하게 요구한 세 개의 시퀀스(p.34-36 참조)에 속한다. 고다르는 멋지게 중세의 찬사 방식으로 카미유의 육체에 대한 찬가를 전개하기 위해 상업적인 강요를 피했다.

설명 앞자막과 프롤로그 쇼트의 시각적·청각적 연결은 상당히 거칠다. 음악은 처음 몇 초가 지나면 중단되고 직접 우리는 약간 어두운 상태에서 재현된 커플의 은밀함으로 빠져든다. 물론 카미유의 육체와 상황은 영화 관객의 훔쳐보기 경향을 만족시켜 주고, 영상은 우리에게 욕구에 일치하는 조화로운 세계를 마련해 준다. 그러나 빠른 속도로 대화 형식과 시퀀스 쇼트의 촬영 선택은 제3의 달갑지 않은 말이나 불청객처럼 관객을 외부로 몰아내기 위해 평온한 관조와 대조를 이룬다.

무엇보다도 먼저 우리는 진행중인 대사에 빠져든다. 카미유는 묻지도 않은 질문에 답을 한다(그녀는 폴이 더 평범하게 "당신 오늘 뭐 할거야?"라고 묻는 첫 대사에 답한다). "모르겠어, 친정에 갈까 생각해…"라는 그녀의 대답에 관객은 불확실한 상태에 놓이게 된다. 인물이 결정하지 못하고 있다는 것은 "모르겠어"라고 반복하는 것으로 알 수 있다. 로제 오댕의 용어에 따르면 "극영화에서 이런 도입 방식"은 오히려 실망스럽다. 관객은 먼저 알고 있거나 알고 있을 것 같은 인물들과 상대하기를 좋아한다.

먼저 보고 싶은 어떤 욕구를 충족시켜 주는 쇼트는 금방 지속되고 마찬가지로 그런 욕구를 드러내며, 매우 강조하고 그것을 알리기도 한다. 이것은 이때 곧 제자리에 놓이게 되는 연속성과 불연속성을 대립시키는 구조이다. 연속성은 촬영의 지속 시간과 질문과 대답의 연속성에서 전개된다. 불연속성은 세 부분, 지배적인 붉은색·흰색·푸른색으로의 분할을 통해 이러한 시각적 연속성을 방해한다. 무겁고 서정적인 음악은 아주 느린 리듬의 녹음으로 전개되지만 잠시 중단되었다가 이어진다. 필터는 재현, 변형을 비현실적으로 만든다. 우리는 더 이상 카미유의 육체를 볼 수 없지만 육체는 다색 배합으로 소묘된 고대의 여신상으로 세워진다. 이러한 육체는 언어의 나열과 트래블링의 시각적 이동으로 해체됨으로써 꽉 채워지면서 동시에 통일된다.

열거는 시, 즉 모델의 지고미에 대한 오마주인 16세기 유행하던 찬사와 같은 기능을 한다. 찬사는 사랑하는 존재의 장점들의 목록(클레망 마로의 〈아름다운 젖꼭지의 찬사〉나 모리스 세브의 〈눈썹의 찬사〉 참조)에 근거한 무척 지루한 반복(폴의 계속되는 "그래"라는 긍정적 답)에 의거하는 세밀하면서도 철저한 묘사이다. 카미유의 일련의 질문은 그녀의 자아도취, 즉 자신의 육체에 대한 물신숭배의 관계를 나타내면서 또한 그녀의 개인적이고 은밀한 매력에 대한 불안감을 나타낸다. 폴은 그녀를 전체적으로 사랑해야 한다. 그는 그녀를 머리부터 발끝까지 사랑해야 하고, 게다가 카미유에게 그렇다고 말해야 한다. 이러한 장면은 카미유가 유치하게 그녀의 '뒷모습'을 상기시키며 젖꼭지에 대해 말하려고 목소리를 내리깔 때 실제 여성의 수치심을 나타내는 두 연인의 에로틱한 놀이처럼 비친다.

그러나 열거는 물신숭배의 수법, 카메라의 시선만이 집중시킬 수 있는 일부의 피사체들의 집합에 속한다. 견자로서 관객은 커플의 사생활을 침해하고 감독은 실제로 적나라하게 스타의 육체, 즉 스타의 몸의 상징적이고 상품 가치를 충분히 드러내고 있다. 노출된 육체는 제작사의 전체 예산 절반의 가치가 있고, 제작자들은 그것을 시네마스코프의 폭넓게 노출된 스크린에서 볼 수 있도록 해줄 것을 강요한다. 관객은 제대로 노출되지 않은 부분들과 노출된 육체의 대비로 생기는 무분별 상태에 이를 정도로 그것을 글자 그대로 넓은 스크린으로 '충분히 보게' 된다.

그래서 고다르는 계약서를 쓰지만 그것을 자기 식으로 행하게 된다. 그는 자기 스타일을 명시하면서 요구 조건에 서명한다. 그는 스타급 여배우를 누드의 눈부실 정도로 화려함으로 보여주지만 감독의 시선으로 보여준다. 그는 위험이 있고 이러한 서두는 관객을 위해 결정하는 것을 알 수 있다.

결국 이렇게 카미유를 촬영하면서 고다르는 겉보기에 조화로운 애정을 부부의 사랑을 인용처럼 삽입하고 있다. 그는 카미유의 육체를 짧은 편집과 카프리의 별장 테라스에서의 에필로그 때 색채의 활용, 음악적 묘사를 통해 나중에 그녀의 출현으로 연결시키고 있다.

원작 시나리오와 연출된 시퀀스가 대조적인 것은 의미론적 차이로 가치를 부여할 수 있다.

연출된 영화에서 카미유에게 사랑을 느끼는 것을 말하는 것은 폴이 아니라 그에게 그것을 말하도록 카미유가 만드는 것이다. 폴은 모든 대답이 그런 것처럼 "그럼"이라는 말만 할 뿐이다. 그것은 고다르의 질문에서 빈번하게 사용되고, 단호한 대답의 유형 그 자체이다. 카미유의 어떤 질문도 '윤리적' 측면과 관계가 있는 것은 아니다. 그 것은 모두 그녀의 육체에 할애되어 있다. 폴의 마지막 부사 '전체적 으로'라는 말 역시 언어의 유희로 문자 수수께끼와 찬사의 "나의 모 든 것"에 대한 지시 기능을 한다.

결국 촬영된 장면에서 시나리오에서처럼 카미유와 폴이 사랑을 나 누었거나 곧 나누게 된다는 것을 분명하게 추측할 수 있도록 되어 있지 않다. 장면은 단지 그 가능성만을 나타내고 있을 뿐이다. 이러 한 러브신은 '애정이 식은 상태' 신처럼 생각될 수 있다. 그래서 대 사와 인물들의 움직임이 둘 사이의 '괴리'나 두 사람의 '거짓 움직 임'을 나타낼 수 있다. "내가 무릎 꿇기를 바라?"라는 물음에 폴은 "아니, 괜찮아"라고 대답한다. 그리고 그가 그녀를 꺼안으려는 제스 처를 취할 때 그녀는 "폴, 부드럽게, 너무 강하지 않게"라고 한다.

인물들 사이에 이러한 단절은 이어서 영화에서 계속 전개된다. 카 미유가 폴에게 왜 경멸하는가 말하기를 거부할 때 그것은 영화의 비 극적 자의성을 확고하게 만든다. 이러한 거부 역시 여러 가지 이유 들이 스물여덟 살의 젊은 타이피스트 카미유을 통해 말로 표현될 수 도 없고, 이러한 경멸이 그를 치욕스럽게 만들지만 그것이 도덕적 질 서일 뿐만 아니라 성적 질서이기 때문에 설명될 수 있다. 프롤로그에 서 폴의 어떤 무능력은 암시되고 있다. 무능력은 프로코시의 노골적 인 남성성(벌거벗은 인어를 앞에 두고 보이는 반응)과 지혜뿐만 아니 라 프리츠 랑의 늙음으로 강조된다. 로베르토 로셀리니의 〈이탈리아 여행〉에 강렬하게 삽입된 이러한 성적 문제 제기(나폴리 방문과 박물관의 헤라클레스 조각상들을 발견하게 될 때 명백해지는 영국인 부인의 욕구불만)는 폴이 아주 분명한 모습으로 에로틱한 로마의 프레스코화의 재현을 훑어볼 때 〈경멸〉의 중간 부분 시퀀스에서 나타나게 된다.

부부의 관계 상실(시퀀스 8)

시퀀스의 장면 분할

시퀀스 8은 카미유와 폴이 그들의 아파트 밑에 도착하는 것을 볼 수 있는 실외에서의 두 개의 장면 전환 쇼트로 시작된다. 이 시퀀스는 **쇼트 86-128**까지 아파트의 실내로 이어진다.

쇼트의 수(33), 지속 시간, 카메라 움직임의 복합성, 대사의 길이 때문에 쇼트들에 전체 대사를 붙여 상세하게 묘사하는 것은 불가능하다. 여기에 20쪽 이상을 할애해야 할 수도 있다.

여기서 우리는 첫번째 쇼트만 전체 대사를 붙여 상세하게 기술할 것이다. 이것은 시퀀스에서 긴 여덟 개의 쇼트들 중 하나와 관계가 있다.

쇼트 86(1분 45초): 실내, 낮, 카미유와 폴의 아파트. 시작 부분에 고정 미디엄 쇼트. 카미유와 폴이 아파트 안으로 들어간다. 카미유는 푸른 바다색과 흰색 줄무늬가 있는 뜨개질한 옷과 머리에 푸른색 머리띠를 하고 푸른 바다색의 옷을 입고 있다. 그녀는 프로코시가 준 책을 손에 들고 있다. 폴은 밝은 회색 양복차림에 중절모를 쓰고 윗저고리를 어깨에 걸치고 신문을 다시 접고 있다. 아파트의 벽은 흰색이고 실내 장식은 끝나지 않은 상태이다.

음악이 끝남과 함께 카미유가 말을 시작한다.

카미유   당신, 친구에게 커튼에 대해 언제 전화할 거야? (그녀는 오른쪽 주방쪽으로 간다.) (동반 파노라마 촬영) 나는 기다리는 데 신물이 나!

폴   그가 스페인에서 돌아오면. (그는 전경에서 윗저고리를 양복걸이에 건다.)

카미유   (화면 영역 안쪽에서 냉장고를 연다) 로베르토가 그러는데, 금요일에 돌아올 거래. (오른쪽 안쪽에서 검은 식탁과 의자들을 볼 수 있다.)

카미유는 코카콜라병을 열어 홀로 다시 돌아온다. 그때 폴은 오른쪽 화면 영역에서 나온다.

카미유   (폴에게 말을 걸면서, 외화면 영역) 난, 붉은색 벨벳을 원해, 아니면 싫어.

폴은 오른쪽을 통해 화면 영역으로 다시 들어와서 카미유의 앞을 지나 넥타이를 풀고, 왼쪽 전경을 향해 간다. 복도가 보이게 왼쪽으로 파노라마 촬영.

폴　　　좋아… 당신, 내가 목욕하는 동안 식사 준비해.

카미유　(화면 밖 목소리)(오프) 나도 목욕하고 싶어.

복도 끝에 중간 유리가 없는 문이 하나 있다.

폴　　　(문을 열면서) 좋아… 그럼 먼저 해… 난 할 일이 좀 있
　　　어. (그는 문을 다시 닫고 오른쪽을 통해 화면 영역에서
　　　나간다.)

카미유　(이때 화면 밖 목소리) 아니야, 나중에 하지 뭐, 그동안
　　　요리할께. (화면 영역은 잠시 비어 있다.)

폴은 손에 종이 몇 장을 들고 다시 나타났다가 이번에는 문을 열
지도 않고 통과해 지나간다.

폴　　　아직도 점심때 국수가 남아 있어, 그래?

카미유　그거 당신의 마음에 안 들지만 같은 거야.

(그녀는 주방쪽으로 돌아선다. 폴은 방문의 문설주에 기대어 있다.)

폴　　　당신이 바라는 바대로 내가 상을 차릴까? (그는 오른쪽
　　　화면 영역에서 빠져나간다.)

카미유　(주방의 안쪽에, 개수대 앞에) 요리하는 중이야. (그녀는
　　　손을 씻고 돌아서서 왼쪽에 있는 책을 다시 집어든다.)

카미유를 향해 전진 트래블링. 카미유는 전경을 향해 갔다가 오

른쪽 거실을 향해 간다. 카메라는 카미유를 따라간다. 푸른색 안락의자, 붉은색 소파, 나무들 위로 나 있는 창들이 있는 거실을 볼 수 있다. 카미유는 거실 탁자 위에 놓인 책을 넘기면서 천천히 앞으로 나아간다. 소파에 앉아 구두를 벗고 있는 중인 폴을 다시 발견할 수 있다. 카미유는 폴을 향해 앞으로 나아간다.

카미유 오늘 아침 거시기 하나 샀는데… 어떤지 봐줘. (파노라마 촬영은 멈추고, 금속 여자조각상이 왼쪽에 배치된다. 카미유는 오른쪽 화면 영역에서 빠져나간다. 폴은 다시 일어나 오른쪽으로 가서 잠시 쇼트의 중간에 배치된 벽 뒤로 사라진다. 폴은 오른쪽 프레임의 가장자리에 멈춰서서 벨트를 풀고 바지의 단추를 끄르면서 외화면 영역을 바라본다.)

27

폴   (카미유에게, 외화면 영역) 뭔데?

다음 쇼트들의 개괄적 묘사

쇼트 87(33초). 약간의 하이 앵글 촬영된 방 미디엄 쇼트. 카미유는 검은머리에 가발을 썼다. 폴이 방으로 들어온다.

폴   당신, 카프리에 가고 싶어? (폴이 화면 영역에서 빠져나간다.)

카미유 안 간다고 할 수도 없고 그렇다고 간다고 말할 수도 없어. (…) 더구나 그는 나를 초대하지도 않았어.

쇼트 88(42초). 미디엄 롱쇼트. 왼쪽으로 카미유를 따라가며 측면 트래블링.

카미유　당신은 초대했지만 나는 초대하지 않았잖아… 거울 어디 있어? (…)

쇼트 89(37초). 미디엄 쇼트, 리버스 앵글 쇼트. 약간 하이 앵글로 촬영된 욕실, 폴은 욕조 안에 있다.

카미유　나에게 잘 어울리지, 그렇지 않아?

폴　　　아니, 금발이 더 좋아. (…)

쇼트 90(1분 30초). 미디엄 롱쇼트. 카미유를 따라가며 오른쪽으로 측면 트래블링. 그 사이에 폴은 중절모를 쓰고 토가(길고 펑퍼짐한 옷–역주)처럼 흰 대형 수건을 두르고 돌아온다.

폴　　　(화면 밖 목소리) 그게 나와 무슨 상관이야. (…)

금속 여자 조각상이 왼쪽 전경에 아주 잘 보인다. 폴은 조각상으로 와서 손가락으로 두들겨본다.

쇼트 91(28초). 왼쪽 옆모습의 카미유 얼굴 클로즈업.

카미유　폴, 당신이 무서워. 더구나 이번이 처음이 아니지만.

쇼트 92(12초). 하이 앵글로 클로즈 쇼트, 축으로 장면 연결. 카미유는 폴의 다리 사이로 한 다리를 들어올려 발끝을 세웠다가 내린다. 음악.

쇼트 93(12초). 미디엄 롱쇼트. 축으로 장면 연결. 카미유는 빠져나와 왼쪽 욕실 쪽으로 간다. 동반 파노라마 촬영. 폴이 카미유를 따라간다.

카미유 　폴, 가고 싶으면 카프리에 가. 난 가고 싶지 않아. 게다가 나는 제레미 프로코시 같은 타입을 좋아하지 않아. 그리고 당신에게 이미 말했어. (카미유는 화면 영역에서 빠져나간다.)

쇼트 94(5초). 욕실문을 배경으로 폴의 얼굴 정면으로 클로즈업.

폴 　　왜? 그 사람이 당신에게 무슨 짓을 했어?

카미유 　(화면 밖 목소리) 절대로 아무 일도 없었어!

쇼트 95(31초). 폴의 시점에서 주관적 리버스 앵글 쇼트: 화장실 변기 뚜껑에 앉아 담배를 피우고 있는 카미유 클로즈 쇼트.

폴 　　(화면 밖 목소리)(오프) 당신 왜 그런 심각한 표정을 짓고 있어?

카미유 　당신, 이상한 생각을 하고 있나 보지, 그것이 무서워? (…)

쇼트 96(4초)=쇼트 94

폴　　(정면으로) 카미유, 그 사람을 만나고 나서부터 정말
　　　　이상하다는 생각이 들어.

쇼트 97(4초). 리버스 앵글 쇼트. 약간 하이 앵글로 카미유의
얼굴 클로즈업.

카미유　아니야, 난 이상하지 않아… 그런데 당신이 왜 그렇
　　　　게 말하는지 생각하고 있어.

폴　　(화면 밖 목소리) 내가 그렇게 말했나… 오늘 아침, 모
　　　　든 일이 잘됐어. (음악)

쇼트 98(23초). 리버스 앵글 쇼트. 미디엄 쇼트로 잡은 욕실.
폴은 안쪽에 기대어 있고, 카미유는 안쪽으로 간다.

폴　　갑자기, 지금 다툴 게 아무것도 없잖아… 여보, 무슨
　　　　일이 있어?

쇼트 99(1분 58초). 삼차원 심도로 고정 롱테이크. 카미유의
동선으로 장면 연결.

카미유　난 안 갈거야…. (…)

카미유는 방으로 들어가고 화면 영역에서 사라진다. 폴은 카
미유를 뒤따라가 침대 위에 앉아 양말을 신는다. 카미유는 갈색

가발을 벗고 다시 나타난다.

쇼트 100(45초). 미디엄 롱쇼트. 방. 카미유는 침대 위에 누워 있다. 그녀는 전화를 끊고 폴에게 발길질을 한다.

카미유 여보, 당신 완전히 미쳤어! (…) 폴, 당신 또 그러면 이혼할 거야. (…)

쇼트 101(1분 55초). 미디엄 롱쇼트. 거실. 폴이 왼쪽으로 온다. 카미유는 소파 위에 담요를 깔고 베개를 놓고 눕는다. 폴은 그녀의 발치에 앉아 발목을 어루만진다.(사진 31)

카미유 단순하게 화내지마, 난 창문을 열어 놓으면 잠잘 수가 없어. (…) 카미유는 폴의 바지 주머니에서 카드를 꺼내 읽는다: '이탈리아 공산당원증.' 당신, 입당했다고 말하지 않았잖아.

폴은 카미유가 손에 들고 있는 카드를 뺏는다.

쇼트 102(22초). 미디엄 쇼트로 소파에 앉아 있는 폴. 그는 주머니에 카드를 집어넣고 낮은 탁자 위에 책을 올려 놓는다.

쇼트 103(25초). 클로즈업으로 폴이 넘겨 보고 있는 책의 페이지: 섹스하는 커플을 표현한 로마 프레스코 복제화.

폴   (화면 밖 목소리) 아니, 그 일은 더 이상 흥미없어.
           (…) 내가 그 일을 했다면 그것은 당신을 사랑했기 때
           문이야.

쇼트 104(46초). 클로즈업된 폴은 외화면 영역으로 책을 넘겨
본다. (대강 훑어본다.)

폴   여하튼, 그것은 쓸데없는 짓이야. 나를 더 이상 사랑
           하지 않기 때문이지.
카미유   (화면 밖 목소리) 아주 새로운 소식이군요. (…)

쇼트 105=쇼트 103(14초). 클로즈업으로 책의 여러 페이지.

폴   (화면 밖 목소리) 돈이 떨어지면 아파트를 저당잡히면
           되겠군.
카미유   (화면 밖 목소리) 내가 당신을 사랑하지 않을 이유가
           있다는 거야?
폴   (화면 밖 목소리) 있지. (…)

쇼트 106(27초). 미디엄 롱쇼트 초점 심도로 거실. 폴은 소파
에 앉아 책을 넘겨 보고 있다.

카미유   (화면 밖 목소리) 뭐지?

폴   모두! (…)

쇼트 107(2분 37초). 리버스 앵글 쇼트. 문설주에 기대어 있다
가 와서 욕조의 가장자리에 앉는 폴의 모습 정면으로 클로즈 쇼
트. 카미유는 프리츠 랑에 관한 책을 읽고 있다.(사진28, 29)

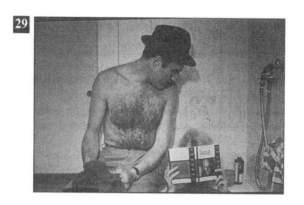

폴   오늘 아침에도 당신은 그러지 않았어… 어제도. 지
       금 나를 바라보고 있는 것처럼. (…)

쇼트 108(33초). 앞으로 가서 흰 벽에 머리를 기대는 카미유의
얼굴 클로즈업.

카미유 들어봐… 멍텅구리, 비열한, 제기랄, 빌어먹을, 속보
       여, 개새끼, 망할… 그러면 당신은 그것이 항상 나를
       잘 안 풀리게 만든다고 생각하는 거야? (음악)

쇼트 109(41초). 미디엄 롱쇼트 초점 심도로 거실. 전경에 벽과 여인 조각상. 카미유는 욕실에서 나온다. 폴은 거실 쪽으로 간다. 그는 옷을 입고 구두를 신는다.

폴   당신이 사랑을 나누는 것을 더 이상 원하지 않는 이유가 뭐야?

카미유는 붉은색 타올을 두르고 소파에 허벅지를 드러내놓고 누워 있다.

카미유   좋아, 자 해, 빨리 끝내!

폴   (화면 밖 목소리, 내면의 목소리로) 얼마전부터 나는 카미유가 떠날 수 있다고 종종 생각했었지. 일어날 수 있는 대참사 같은 생각이 들었어.

쇼트 110-쇼트 119. 카미유와 폴의 화면 밖 목소리와 함께 짧은 편집의 일련의 쇼트.

쇼트 110(12초). 하이 앵글. 알몸으로 흰색 모피에 누워 있는 카미유. 카미유는 머리를 다시 든다.

쇼트 111(9초). 롱쇼트. 카미유는 바지차림으로 가을 숲속을 달린다.

쇼트 112(6초). 검은 가발을 쓰고 붉은색 소파에 앉아 있는 카미유 클로즈업.

쇼트 113(12초). 짙은 푸른색 담요 위에 등을 드러내고 엎드려 있는 카미유 클로즈 쇼트.

쇼트 114(12초). 미디엄 롱쇼트. 방(쇼트 100의 환기), 카미유는 폴을 쫓아내기 위해 발길질을 한다.

쇼트 115(12초). 클로즈 쇼트된 카미유는 소파에 앉아서 커피를 마신다. 그녀는 외화면 영역으로 눈길을 돌린다.

쇼트 116(8초). 카미유의 알몸을 드러낸 다리와 엉덩이 클로즈쇼트. 그녀는 붉은색 소파에 누워 있다.

쇼트 117(3초). 카프리의 별장 테라스의 미디엄 롱쇼트. 노란색 화장복 차림의 카미유를 폴이 뒤따라가고 있다.

쇼트 118(5초). 전진 트래블링으로 미디엄 롱쇼트. 치네치타에 프로코시의 자동차 알파 로메오.

쇼트 119(21초). 쇼트 100의 반복. 흰색 모피 위에 알몸으로 누워 있는 카미유. 그녀는 머리를 떨구고 있다가 다시 든다.

이러한 몽타주가 전개되는 동안 폴과 카미유는 텍스트의 일부분을 화면 밖 목소리로 말한다.

카미유　예전에는 (…) 모든 일이 빠르고, 미친듯하고 마법에 걸린 듯 경솔하게 이루어졌는데…

폴　　　지금, 그런 경솔함은 카미유의 행위에서 완전히 사라졌고, 따라서 나의 행위에서도 완전히 사라졌어. (…)

쇼트 120(41초). 쇼트 109에 이어서. 미디엄 롱쇼트로 거실. 폴은 카미유의 엉덩이에 수건을 다시 덮는다.(사진 31)

폴　　　그러지마! (폴은 구두끈을 맨다.)
카미유　지금 내 모습 어때?
폴　　　당신이 잘 알잖아. (…)

쇼트 121(2분 34초). 리버스 앵글 쇼트로 클로즈 쇼트.

폴은 서재로 들어가 타자기 앞에 앉는다. 그는 종이를 끼우고 읽는다: "특별기가 창공에서 대기하고 있었다…." (…)

쇼트 122(53초). 하이 앵글로 미디엄 롱쇼트. 카미유는 방의 침대 위에 앉아 전화를 받으며 로마 미술책을 뒤적이고 있다.

카미유　당신에 대해 이야기하고 있었어요. 그래요… 음, 당신에 대한, 당신의 **영화**에 대한 이야기. 예, 〈오디세이〉… 여행하는 방식의 이야기. 카프리에서 수영할 수 있을까요? **수영**… 난 모르겠는데요… 폴, 있어요 … 폴을 바꿔 줄게요.

쇼트 123(1분 51초). **미디엄 롱쇼트로 카미유를 따라가며 측면 트래블링.** 카미유는 갈색 가발을 다시 쓰고 있다.

폴　　　(화면 밖 목소리) 밥 안먹어?

카미유　가발을 사서 다시 쓰고 싶지 않아.

폴　　　(화면 밖 목소리) 그래 좋아… 아주 좋아. 극장으로 가서 프로코시와 프리츠 랑을 만날까. (…)

폴은 조명등의 스위치에 몸을 기댄다.

쇼트 124(2분 27초). 축으로 장면 연결, 클로즈업으로 전등갓. 폴과 카미유의 얼굴이 보이도록 오른쪽에서 왼쪽으로, 왼쪽에서 오른쪽으로 아주 느리게 일련의 측면 트래블링.

폴　　　(…) 방금 전, 전화벨이 울리기 전 나는 당신에게 이

일을 더 이상 하고 싶지 않다고 말했지. 왜냐하면 당신의 사랑을 이제 더 이상 확신할 수 없었기 때문이야…

카미유   당신은 내가 생각하는 것을 어떻게 알아… 당연히 그건 나도 마찬가지야, 이 아파트 팔거야… 사실은 그렇지 않아. (…) (화면 밖 목소리) 난 몰라. 내가 알고 있는 모든 것은 당신을 더욱 사랑한다는 것이지. 프로코시 집에서 당신은 나에게 프란체스카 바니니의 엉덩이를 툭툭 치는 모습을 보였잖아?

폴   그래, 그것은 인정해. 좋아 이제 끝이야. 그럼 더 이야기해 보자구. (카미유는 일어난다.)

쇼트 125(53초). 하이 앵글로 미디엄 롱쇼트. 카미유의 이동으로 장면 연결.

폴   (화면 밖 목소리) 오늘 아침부터 당신이 나에 대해 가지고 있는 생각을 바꾼 무슨 일이… 있었지. 그러니까 나에 대한 당신의 사랑.

카미유   당신 미쳤어, 하지만 당신은 똑똑해. (…)

쇼트 126(4초). 복도로 나가는 폴의 모습 정면으로 클로즈 쇼트. 폴은 넥타이를 매만진다.

폴　　　카미유! (음악)

쇼트 127(7초). 리버스 앵글 쇼트. 아파트에서 나와 계단 몇 개를 내려오는 카미유 트래블링.

카미유　난 당신을 경멸해! 내 솔직한 심정이야. 그래서 당신을 사랑할 수 없어. 당신을 경멸하니까. (음악)

쇼트 128(9초). 모자를 바꿔 쓰고 책꽂이에 가지런히 꽂혀 있는 겉표지가 붉은 책들 뒤에 숨겨 놓은 권총을 꺼내는 옆모습을 클로즈 풀쇼트로 잡은 책꽂이 앞의 폴의 모습.

카미유　(화면 밖 목소리) 그리고 당신이 내 몸에 스칠 때 불쾌해. (음악)

이어서 외부로 장면 연결의 두 개의 쇼트(쇼트 129-쇼트 130). 시퀀스의 끝.

부연 설명

드라마투르기적으로 모든 시퀀스는 지속 시간에 의거한다. 1963년은 서술영화사에서 가장 긴 시퀀스 중의 하나(약 30분)와 관계가 있다. 미장센은 일상 생활의 상세한 부분에서 이 방 저 방으로 계속 따라다니는 등장 인물들의 계속되는 이동을 수용하고 있다. 이러한

30

31

32

약자: G.P.=클로즈업, P.R.=클로즈 쇼트, P.R.T.=클로즈
풀쇼트, P.M.=미디엄 쇼트, P.D.E.=미디엄 롱쇼트, P.E.=
롱쇼트, pano d'acc.=동반 파노라마 촬영, Rac. 장면 연결,
Mouv.=움직임, C/Ch=쇼트/리버스 앵글 쇼트.

지속 시간 자체는 편집의 관점에서 시퀀스에 리듬을 주는 길고 연속되는 몇몇 개의 쇼트를 근간으로 하고 있다.

"대체로 이러한 시퀀스의 원리는 〈네 멋대로 해라〉에서 방의 시퀀스의 경우와 같은 것이다. 그러나 이 시퀀스는 처음부터 끝까지 선조적이고 같은 어조로 시작해서 계속 이어지다가 끝난다. 마찬가지로 〈네 멋대로 해라〉의 시퀀스는 절정으로 고조되다가 평온으로 다시 하강하는 것으로 구성되어 있다. 그러고 나면 세번째 고조와 하강으로 구성되어 있다. 첫번째 고조는 그들 사이에 실패한 러브신일 것이다. 두번째 고조는 카미유의 거짓 출발이고 세번째 고조는 폴의 격분의 위기이다."(고다르, 《경멸》의 시나리오》, 1963)

영화에서 시퀀스는 오히려 긴장 고조의 네 배 빠른 움직임으로, 그 다음에는 극의 구성의 가장 고전적인 원리에 따라 일시적 소강 상태의 네 배 빠른 움직임으로 구조화된다. 당시 비평가들의 눈에 비친 것은 가장 진부한 일상 생활의 외관과 함께 있는 그대로 그런 식으로 재현된 지속 시간의 형식처럼 이러한 구성의 공개되지 않은 도발적인 형식이다.

1. 아파트에 부부가 들어서는 것을 시작으로 멍청이 마틴의 이야기로 정점을 이루는 **쇼트 86−쇼트 90**의 첫번째 단계를 구별할 수 있다. 즉 "당신은 멍청이이기 때문에"라는 카미유의 대사는 폴이 뺨을 때리는 것으로 이어진다. 이때 장면 분할로 구조가 바뀐다.(**쇼트 91**에서의 클로즈업)

2. 두번째 단계는 **쇼트 93**으로 시작해서 다시 폴로부터 빠져나오는 카미유로 시작해 카미유가 친정어머니와 전화통화를 하는 동안

방에서 폴을 난폭하게 쫓아내는 **쇼트 99**까지 전개된다.

3. 세번째 단계는 카미유가 소파 위에 침구를 올려 놓는 **쇼트 101**에서 시작된다. 이것은 '저속한 말'(**쇼트 108**)의 장광설로 정점을 이루고 "당신은 사랑을 나누는 것도 더 이상 원하지 않는 이유가 뭐야?"라는 폴의 대사는 카미유의 신랄한 응수가 바로 뒤따른다.

부부의 대립이 한계점에 다다르는 장면은 갑자기 지속되는 동안 교차되는 화면 밖 목소리와 카미유의 육체적 매력과 상실된 행복에 대한 향수를 자극하는 짧은 편집으로 중단된다.

4. 끝으로 돌이킬 수 없는 결별과 경멸의 자백에 이르게 되는 네번째인 마지막 단계는 폴이 탐정 소설을 몇 줄 쓰기 위해 타자기에 앉는 **쇼트 121**에서 시작된다. 이 단계는 대면 후에 전등갓의 양쪽에서 카미유가 몸부림치다가 폴의 **뺨**을 계속 때리는(사진 33) **쇼트 125**에서 끝난다. 아주 짤막한 세 개의 마지막 쇼트는 리듬으로 대립의 돌이킬 수 없는 양상과 부부 관계의 영역 밖으로 카미유가 달아나는 것을 구체적으로 보여준다.

행동의 극적인 동기는 아주 단순하다. 두 번의 전화통화, 친정어머니와의 전화통화와 단계 2와 4를 구성하는 프로코시의 전화통화이다. 소강 상태의 순간들은 여러 개의 이야기, 즉 멍청이 마틴, 책읽기, 페리스의 판단, 카미유에 의한 프리츠 랑의 선언 읽기, 폴에 의한 탐정 소설의 읽기를 토대로 한다. 이러한 이야기와 읽기 중 두 가지는 폴과 카미유가 차례대로 역할을 하는 목욕과 연관되어 있다.

공간의 구성과 쇼트들의 길이

1분 45초 길이 시퀀스의 첫번째 쇼트(**쇼트 86**)는 지속 시간 구성과 신 전체를 지배하는 공간 처리의 원칙을 마련한다. 카메라는 아파트 공간 안에서 계속 인물들의 이동, 먼저 폴을 따라가고 이어서 카미유를 따라간다.

카메라는 여기서 무대 배경이 사실적이기는 하지만 세번째 가상적인 측면에서 잡은 인물들의 시점의 외부에 있다. 폴이 그의 작업실의 측면에서 빠져나오는 동안 대화는 계속되고 카미유는 폴에게 외화면 영역에서 이야기한다.

인물들의 격차는 분절된 대사, 한마디씩 하는 대답의 교환으로 표현된다. 이것은 시선 교환을 방해하고 여기서 결정적인 차원의 언어적 소통을 방해한다. "그들이 들을 수도, 바라볼 수도 없는 어떤 일이 생긴다. 왜냐하면 그들은 결코 적절한 위치에 있지 못하고 그들은 부적절한 리듬에 대체되기도 하며 그들의 상호적 부동성을 교묘하게 모면하기도 하기 때문이다."(안 마리 포, 1985)

그러나 같은 현상 역시 조형적 표현을 찾게 된다. 인물들의 위치는 시네마스코프의 프레임 양쪽 가장자리 사이에 보일 수 있는 구성의 좌우 차이를 강조한다. 쇼트의 시작에서 카미유는 외화면 영역을 바라보면서 오른쪽을 향하는 옆모습을 보이며 잠시 멈춘다. 쇼트의 끝에서는 오른쪽을 향해 외화면 영역을 바라보며 프레임 안에 서서 그 자리를 차지하고 있는 것은 폴이다. 이미지의 5분의 4는 왼쪽에 벽과 폴에게 등을 돌리고 있는 것처럼 보이는 금속 조각상이 차지하고 있다. 배우들이 이동하는 동안 여러 번 고다르는 배우들의 중앙 배치를 피하면서 체계적으로 이미지의 가장자리에 배치한다. 이러한 위치들은 또한 두 인물이 계속 공간을 돌아다니기 때문에 화면 영역에서 교차를 유도한다.

이미지의 표면 효과를 강조하는 측면 구성은 역설적으로 얼마 동안 초점 심도의 구성으로 결합된다. 이때 카미유는 주방으로 가서 코카콜라를 마시고, 폴이 복도의 문을 통과하고, 그리고 책을 뒤적이면서 첫번째 쇼트를 통해 폴을 다시 만난다. 반면에 그의 남편 폴은 화면 영역의 안쪽에 있는 소파에 앉아서 구두를 벗는다.

이러한 모든 시각적 매개 변수들은 내밀함에서 인물들을 연결시키기보다는 **그들을 분리시켜 주는 공간을 강조한다.** "듣고 바라보아야 할 수도 있을 그러한 어떤 것은 단어에 있는 것도 아니고 제스처에 있는 것도 아니지만 둘 사이에는 인물들을 분리하고, 그들이 사방으로 돌아다니는 그러한 공간의 어디엔가에 있다."(안 마리 포)

영화에서 예외적이고 여기 스코프에서 프레임의 특수성 활용과 연관된 화면 영역의 측면 구성이 신을 구성하는 여덟 개의 시퀀스 쇼트에서 주로 신 전체를 지배한다. 게다가 이러한 처음의 쇼트(**쇼트 86**)는 대부분 시퀀스의 끝에 **쇼트 123** 신의 끝에서 두번째의 롱테이크를 재현한다. 여기서 고다르는 다른 차원에서 시각적 체계와 극적 전개를 매듭짓고 있다.

쇼트 123에서 카미유는 반대 방향으로, 그녀가 아파트 안으로 들어가면서 계속 따라갔던 이동 과정을 거친다. 인물들 이동의 그래픽적 재현이 이러한 두 개 쇼트의 형식적 대응과 두번째 쇼트가 가져오는 약간의 차이를 분명하게 만들 수도 있다. 미장센은 몇 가지 요소들, 즉 이동 과정, 카미유가 들고 있는 책, 쇼트 86의 폴의 손에서 쇼트 123의 카미유 손으로 전해지는 원고의 낱장이 반복한다. 하지만 두번째 쇼트는 새로운 결론과 공개되지 않은 위치를 인지시켜 준다. 최후의 대결 순간이 도래한다.

고다르는 고전적인 쇼트/리버스 앵글 쇼트를 거부하면서 감정이 고조된 상태에서 카미유가 일어나고 폴이 그때까지의 울분을 폭발하기까지 흰 전등갓의 양쪽에 마주 보고 있는 모습과 좌우로의 긴 일련의 느린 측면 트래블링을 백한다.

따라서 우리는 롱테이크의 주된 두 유형을 구별할 수 있다.

— 앞서 분석한 바 있는 인물들과 카메라가 함께 이동하고 있는 **쇼트들.**(쇼트 86, 90, 123)

— **고정 쇼트**나 **부분적으로 고정 쇼트**(쇼트 99, 101, 107, 121). 방금 인용된 전등갓의 **쇼트** 124는 단계(클로즈업)와 조형적 구성(느린 측면 트래블링)을 통해 전체와 구별된다.

우리는 **쇼트** 86과 **쇼트** 123과 같은 기능을 하는 **쇼트** 90에 대해서는 아무 언급도 하지 않았다. **쇼트** 99는 반대로 그 길이와 연관된 (약 2분 정도) 고정의 노골적인 편견을 통해 주목할 만하다. 폴과 카미유가 여러 번 화면 영역을 가로질러 가는 데 반해 카메라는 갑자기 움직임을 멈춘다. 카메라는 삼차원의 심도 구성으로 흰 벽들(거실·복도·방)을 중첩시키면서 같은 고정 앵글을 지속시키고 있다. 이러한 흰색은 왼쪽 프레임 표면의 대부분을 차지하고 있는 흰색 조화다발로 강조되고 있다.

행동의 중요한 부분은 삼중으로 배치된 프레임 안의 프레임으로 방의 문틀의 내부에서 표현된다. 폴은 카미유가 그에게 외화면 영역에서 던진 붉은색 수건을 다시 집어든다. 그는 방으로 들어가서 전화를 받는다. 카미유는 화면 영역으로 들어와 폴을 방에서 쫓아낸다. 폴은 방에서 나와 잠시 문 뒤에서 엿듣고 있다가 문을 열고 들어간다.

이러한 모든 행동들이 벌어지는 동안 역동적으로 움직이던 카메라는 폴의 무례함, 장모에게 한 거짓말의 조롱기 섞인 측면, 폴이 벌받는 어린애처럼 문 뒤에서 기다리고 있을 때 가련한 자태를 강조하면서 바닥에 못 박힌 듯 고정되어 움직이지 않는다. 고다르는 흰 수건의 늘어진 자락을 잡으려고 시도하고 벨트를 바지에 끼우도록 하면서 폴을 촬영할 정도로 더 가혹하게 만든다. 폴은 이러한 이중으로 배치된 프레임에 갇히고, 부부 침실의 외부에 갇힌다.

폴의 무례함은 다시 롱테이크 쇼트 101에서 강조된다. 이때 폴은 카미유의 다리를 어루만지다가 발목을 어루만지며 그녀에게 잘못을 저지른 것처럼 어떻게 대답해야 할지 모른다. 그때 카미유는 공산당원증을 찾아낸다.(사진 31)

다른 두 개의 고정 롱테이크는 대사가 없거나 더 정확히 말해 제3의 텍스트를 매개로 한 간접적인 소통을 나타내는 읽기와 글쓰기의 쇼트다.

— 카미유에 의한 프리츠 랑의 선언 읽기.(쇼트 107)
— 폴이 자신이 쓰고 있는 탐정 소설을 몇 줄 읽기.(쇼트 121)

시퀀스의 끝은 서로 연결되어 있는 연속된 롱테이크의 성공(**쇼트 121, 122, 123**)을 보여주고 있다. **쇼트 121**과 **쇼트 124**는 이 신에서 가장 긴 쇼트에 해당한다. 지속 시간은 끝이 없는 것처럼 늘어나고 긴장은 전등갓과 카메라의 왕복 운동으로 절정에 다다르게 된다. 이 때 카미유는 짤막한 세 개의 쇼트(**쇼트 126, 127, 128**)로 편집된 에 필로그를 통해 밖으로 나올 결심을 한다.

몽타주와 인물들의 시선

이 시퀀스에는 연속된 긴 쇼트들만 포함되어 있지는 않다. 고다르 는 한동안 연속성에 대한 편견에도 불구하고 클로즈 쇼트, 쇼트/리 버스 앵글 쇼트의 편집, 인서트, 시선 교환에 의존한다. 매번 이런 형식의 몽타주는 리듬의 단절을 만들어 내고 정점, 즉 결정적인 순 간을 나타낸다.

첫번째 단절: **뺨때리기**

첫번째 클로즈업은 싸움의 첫번째 단계를 결말짓는다. 그것은 곧 바로 폴이 카미유의 뺨을 때리는 것으로 이어진다. 그것은 카미유 가 멍청이 마틴의 이야기를 해주면서 거실을 가로지르는 것을 보여 주는 롱테이크 **쇼트 90**으로 이어진다. 폴이 저지른 **뺨때리기**는 단 계와 리듬의 단절을 유도한다. 장면 연결은 왼쪽 옆모습을 잡은 카 미유의 얼굴을 보여주고 있다. "폴, 난 당신이 무서워. 더구나 이번이 처음이 아니야." 이어지는 쇼트는 스타일의 효과를 나타낸다. 그것은 조르주 들르뤼 음악의 풍부한 서정적 전개로 외화면 영역에서 나누는 키스를 은유적으로 표현하면서 마주하고 있는 부부의 발과 오르내리는 카미유의 발의 동작을 하이 앵글과 축으로의 장면 연결로 보여주고 있다.

두번째 단절: 카미유의 사려 깊은 시선

이어지는 쇼트 94-97의 클로즈업은 폴과 카미유 사이에 더 전형적인 시선의 교환을 나타낸다. 카미유는 욕실 쪽으로 움직인다. 폴이 그녀를 뒤따라간다. 폴은 프로코시에 대해 계속 질문공세를 퍼부으며 카미유를 괴롭힌다. 쇼트 94에서 폴은 욕실의 문틀에 정면 클로즈업으로 배치된다. "왜, 그 사람이 무슨 짓을 했어?"(사진 18)라고 말할 때 변기에 앉아 담뱃불을 붙이는 카미유의 모습이 클로즈 쇼트로 리버스 앵글 쇼트가 이어진다.

쇼트 96과 쇼트 97은 단계의 새로운 접근을 통해 폴이 카미유의 표현을 과장하면서 폴/카미유를 교대로 겹치게 한다. 하지만 몽타주가 폴의 쇼트에서 시작됨에도 불구하고 미장센은 카미유의 시선을 중시한다. 쇼트 94에서 폴은 눈을 내리깐다. 쇼트 95에서 카미유는 심하게 폴을 꼼짝 못하게 한다. 그녀는 폴이 "당신은 왜 그렇게 심각한 표정을 짓고 있어?"라고 묻자 이어서 대답하길 "그것은 바로 내가 무엇인가 생각하고 있기 때문이야. 놀랐어?"

교차 편집중 폴의 대사들은 대부분 외화면 영역으로 들리는 반면 카미유의 대사들은 그녀의 모습이 보일 때 들린다. 여배우의 연기,

담배 피우는 방식이 인물 표현의 지속 시간을 강조한다. "아니야, 난 이상하지 않아… 당신이 나에게 왜 그렇게 말하는지 궁금해?" 이어서 폴에 대해 "그건 그렇지"(쇼트 97) 하고 복잡한 심정이 계속 표출된다.

세번째 단절: 에로틱한 프레스코화를 보는 폴의 멍한 시선

이어지는 쇼트 103-105는 더 분명하게 폴의 시선에서 다루어지고 있다. 직전의 쇼트에서 폴은 소파에 앉아 《로마의 사랑》이란 책을 넘겨 보고 있다. 카미유는 욕실에 있다. 폴은 "게다가, 나 역시 카프리에 가고 싶지 않아"라고 말한다. 바로 직전에 카미유는 화면 밖 목소리로 "왜? 당신은 바보 같애, 폴, 이리 와 봐" 하고 큰 소리로 말한다. 폴은 부인이 묻는 말에 대답하지 않는다. 그는 카미유의 말을 흘리고 있다. 그는 카미유를 찾으러 가지 않고 책의 에로틱한 프레스코화를 건성으로 보고 있을 뿐이다. 쇼트 103은 인서트로 다양한 체위로 성행위를 하는 커플들을 표현하고 있는 로마의 프레스코 복제화를 10여 장 보여준다. 그와 동시에 폴은 앉아서 외화면 영역으로 부인과 대화를 나누고 있다. 카미유는 폴에게 "이리 와!"라고 되풀이한다. 반면에 폴은 계속 시나리오와 관련된 자신의 결정과 "더 이상 관심없는 그 일"에 대해 말하고 있다.

책을 읽고 있는 폴을 클로즈업으로 보여주고 쇼트 104에서 편집의 주관성이 강조되고 있다. 이 주관성은 쇼트 105에서 책의 인서트로 되돌아가는 것으로 형성된다. 폴에게 들리지 않는 사랑의 요구, 인물의 난청과 서툶은 또 한번 폴에게 "세 미녀의 육체의 눈부신 누드, 벌어진 다리, 주홍빛 장미보다 더 붉은 색조를 띠고 있는 눈빛같이 흰 육체"를 상기시키는 페리스 판단의 텍스트를 읽게 한 고다르에 의해 강조되고 있다.

"내가 당신을 사랑하지 않을 이유가 있다는 거야?"라는 카미유의 새로운 질문에 폴은 아파트의 저당권을 상기시키며 한 페이지를 넘기고 나서 그렇다라고 대답한다.

연속적인 책의 에로틱한 판화들과 세 미녀의 매력적인 육체의 묘사는 시퀀스의 성적 풍자, 즉 폴과 그리스 로마풍의 넓은 타월로 배우들의 몸을 두르고 있는 수줍어하는 장면으로 억압된 풍자를 모두 피력하고 있다. 판화들은 거부된 러브신, 즉 프롤로그 부분에서 나타나지 않았고 그후에 폴이 계속 서두르고 장광설을 늘어놓는 러브신을 표현하고 있다. 폴과 카미유는 곧 서로 마주쳐 지나가며 가볍게 접촉하고 계속 서로 교묘하게 피한다.

처음으로 나눈 키스는 외화면 영역으로 바뀌게 되고 두번째 키스는 폴의 뺨에 순수한 애정 표시가 된다.(쇼트 121) 카미유의 엉덩이를 애무하는 장면은 짧게 촬영되어 있다. 폴은 언어적 보루와 질문에서 완강하게 버티고 있다. 그는 거기에 틀어박혀 있고 폭력에 의해서만 거기서 벗어날 수 있다.

음악

조르주 들르뤼의 음악은 영화 전체에서 그런 것처럼 시퀀스에서 종종 나타난다. 이것은 현악기의 사용에 근거한 오케스트라 음악이다. 음악의 주된 색조는 낭만주의, 요한네스 브람스의 신봉자에 가까운 스타일에 속한다. 음악은 **시퀀스** 8에서 조형적 엄격성의 편견과 대립의 심리적 지속 시간을 줄이면서 영화의 서정적 차원을 형성하는 데 크게 기여하고 있다. 음악은 **시퀀스** 8을 영화의 다른 부분들의 전체와 연결시키고 있다. 다른 부분들에서도 음악은 계속 나타난다. 음악은 종종 아주 강하게 '믹싱되기도' 하고 음악이 흡수해 버리는 대사들과 소리의 중첩이 이루어지기도 한다는 것을 주목할 수 있다.

우리는 여기서 음악의 테마들이 영화의 시작부터, 예를 들면 타이틀과 설명 자막이 뜰 때, 프롤로그 쇼트(앞부분 분석 참조), 러시 필름 상영의 시퀀스(**시퀀스** 3)에서 삽입되고 있다는 것을 상기하게 될 것이다. 프리츠 랑의 〈오디세이〉의 쇼트들은 모두 영화음악이 충분히 믹싱되어 있다. 끝으로 프로코시 별장에서의 **시퀀스** 5–7에서 짧은 몽타주에서도 음악이 믹싱되어 있다. 이러한 테마들은 서로 아주 유사하다. 고다르는 이러한 테마들을 되풀이되는 주제로 사용하고 그것을 꾸준히 반복하고 있다. 우리는 두 가지 주요 테마, 앞자막의 테마와 카미유의 테마를 구별할 수 있다(조르주 들르뤼가 편집한 영화음악의 음반은 네 가지 테마, 앞자막, 카미유, 프로코시 집에서의 단절, 카프리의 테마를 구별하고 있지만 뒤의 세 가지 테마는 거의 동일하다).

앞자막에서 전개된 테마는 영화적 의식의 테마이다. 그것은 프리츠 랑의 러시 필름들과 카프리에서의 촬영 장면에서도 다시 나타나게 된다. 이 테마는 시퀀스의 끝으로 카미유가 떠날 때에도 반복되고 실버시네 극장까지 인물들을 따라가게 된다.

두번째 테마는 카미유와 카프리, 〈오디세이〉를 연결하고 있다. 카미유-페넬로페 인물, 그의 이동·행동·감각에 여전히 연결된 시퀀스에서 체계적으로 반복되는 것도 이 테마이다.

음악은 시퀀스가 전개되는 동안 **여섯 번** 삽입된다. 말하자면 음악은 여러 개의 연속되는 쇼트들을 포함하면서 종종 1분 이상 지속되기도 한다. 음악은 먼저 인물들이 등장할 때 동반된다. 영화의 장면 전환 순간마다 음악이 강화되고 있다. 이와 같이 폴과 카미유는 프로코시의 별장을 출발해서 미네르바의 쇼트(쇼트 83)가 확고하게 만드는 〈오디세이〉의 테마와 함께 아주 음악적인 이동과정을 통해 그들의 아파트에 도착한다. 이 테마는 두 인물이 아파트 안으로 들어갈 때 중단된다.

1. 카미유의 테마는 폴이 "당신은 카프리에 가고 싶어?"(쇼트 87의 끝)라고 묻는 순간 **쇼트 87-88**에서 되풀이된다. 카미유는 일어나 방에서 나간다. 카미유가 조각상을 공공연히 마주쳐 지나가는 거실에서의 이동 과정은 음악적으로 그녀가 갈색 가발을 거울에 비춰보고 있을 때까지 음악으로 점철된다. 카미유는 이렇게 가발과 조각상과 음악으로 세 번 페넬로페로 돌아가게 된다.

2. 두번째 경우는 폴의 뺨을 때린 뒤 카미유가 돌아서서 미안하다고 사과할 때 삽입된다. 음악은 키스할 때와 부인이 애정의 몸짓을 할 때에도 동반된다. 음악은 카미유의 얼굴이 클로즈 쇼트(쇼트 95)되는 순간에 중단된다. 그때 카미유는 담배에 불을 붙이고 폴은 카미유에게 "당신 왜 그런 심각한 표정을 짓고 있어?"(쇼트 92에서 **쇼트 95 시작 부분까지**)라고 묻는다. 여기서 카미유가 그리스풍의 발을

들어올리는 순간(쇼트 92) 결집되는 것은 바로 음악의 서정적이고 감정적 기능이다.

3. 세번째 경우는 **쇼트 98-쇼트 99**에 삽입된다. 음악은 여전히 카미유와 연관된다. 카미유는 욕실에서 일어난다. 폴이 그녀에게 "갑자기 지금 우리는 아무것도 논의할 수 없잖아… 여보, 무슨 일이 있어?"라고 말한다. 테마음악이 카미유의 대사들과 그녀의 유희적이고 유치한 태도에 동반된다. "나도 즐기고 싶은데… 나는 지루하지 않을까 걱정이야… 난 가지 않을 거야… 난 가지 않을 거야… 등등" 테마음악은 고정 **롱테이크 쇼트 99**의 시작 부분에서도 계속된다. 반면에 카미유는 폴이 진화를 받게 될 때 인물의 등장을 구체화하는 외화면 영역으로 욕실 안에 있게 된다. 테마음악은 폴이 전화를 끊을 때 멈춘다.

여기서 음악은 쇼트의 길이와 고정으로 생긴 긴장을 완화시킨다. 음악은 인물 카미유의 아우라를 메아리로 연장시킨다.

4. 음악없이 긴 부분(쇼트 100에서 **쇼트 109**까지, 침구를 옮기는 에피소드와 프레스코화가 실린 책을 읽는 에피소드)이 이어진다. 카미유의 테마는 폴이 "당신이 사랑을 나누는 것을 더 이상 원하지 않는 이유가 뭐야?"라고 물을 때 클로즈업과 저속한 말을 되풀이하고 난 뒤 **쇼트 109**에서 계속된다. 이 테마는 **쇼트 109** 전체로 시작되어 2분 이상 짧은 몽타주(**쇼트 110-쇼트 120**)에서도 계속된다. 이 테마는 폴이 연극적으로 그의 집필실로 들어갈 때까지(**쇼트 120**의 끝) 다음 쇼트로도 계속 이어진다.

아주 정확하게 하려면 음악은 시퀀스를 짧게 상기시켜(카미유가 발로 차는 장면) 보여주는 **쇼트 114**에서의 짧은 몽타주 중간에 몇 초 동안 중단된다는 것을 특히 주목해야 한다.

이러한 긴 음악의 전개는 몽타주의 서정성을 연장하고 카미유의 육체의 화려함을 고양시킨다. 음악은 여기서 신성하고, 서창조로 두 남녀의 목소리에 동반된다.

5. 다섯번째 음악의 삽입은 더 짧다. 그것은 서정적 표현의 마지막 순간이다. 테마는 카미유가 타자기에 앉아 있는 폴에게 키스를 하고 안쪽의 방으로 갈 때 **쇼트 121**에서 다시 시작된다. 카미유가 폴에게 되돌아와서 폴에게 "프로코시가 전화하면 당신은 카프리에 갈 거라고 말해"라고 할 때까지 복도에서 사다리 주변으로 카미유가 이동하는 모든 과정에 음악이 동반된다. 음악은 카프리라는 말이 시작될 때 중단된다. 이것은 폴의 마지막 기회이고 카미유의 애정 표현의 마지막 동작이다. 여기서 시퀀스의 마지막 몇 분 동안 **쇼트 122-쇼트 125**의 롱테이크에서 전등갓을 중심으로 측면 트래블링되는 동안 음악은 통째로 사라진다.

6. 마지막 음악의 삽입은 다르다. 이번에는 '앞자막' 테마와 관계 있다. 이 테마는 카미유의 뺨을 때리고 나자마자 삽입되고 곧 두 인물이 영화관에서 프리츠 랑과 프로코시를 다시 만나게 될 때까지의 이동 과정과 마찬가지로 시퀀스 끝의 짧은 몽타주에 동반된다. 이것은 아주 직접적인 의미가 있는 음악의 삽입이다. 그러고 나면 상송 〈24000 바시〉의 극히 적은 음악은 대체되고 신성시된 영화의 장중한 음악으로 대체된다.

대사

이러한 음악의 장중함에 **단조로움**과 때로는 몇몇 대사의 **단호한 저속함**이 대비된다.

실제로 신을 특징짓고 신에 '삶의 단면'의 이러한 양상을 부여하는 것은 무엇보다도 대사 음색의 자유로움이다. 고다르는 〈네 멋대로 해라〉에서 미셸 푸아카르의 은어, 즉 인물들의 언어적 솔직성으로 영화적 화법을 혁신시켰다. 그는 여기서 카미유와 폴의 대사로 영화적 리얼리즘의 관습의 경계를 좀더 넓히고 있다.

두 인물이 같은 말을 하면서 마주하고 있는 것이 첫번째 유일한 긴 신이다. 프롤로그는 한 편의 시였고 이어지는 시퀀스들은 프란체스카의 통역으로 매개되었다. 여기서 카미유가 전화로 프로코시에게 하는 말은 최소한의 영어 세마디뿐이다.

단조로움은 일상 생활의 진부함을 반영하는 대사에서 연유하는 것이다. "당신 친구에게 커튼에 대해 언제 전화할 거야? 나는 기다리는 데 신물이 나!"와 같은 대사는 이러한 결정적인 시퀀스의 첫번째 대사이다.

카미유는 완화되거나 직설적인 언어에 해당하는 수많은 어법들을 사용하게 된다. 예를 들면 "내가 오늘 오전에 가발을 하나 샀어" "우, 랄라! 포복절도하겠네" "그건 그렇지" "여보, 당신, 완전히 미쳤어!" "나는 가발들을 사서 다시 쓰고 싶지 않아" "당신 아파, 그렇지?" "당신은 가련한 타입이야"와 같은 대사가 있다.

고다르는 "진저리가 나" "이 멍청아, 내 말 좀 들어 봐!" "가끔 보면 당신은 진짜 멍청해" "난 신경 안 써"와 같은 솔직하고 저속하고 은어적인 표현을 정숙하고 고상한 카미유-페넬로페의 입에 담는 데 서슴지 않는다. 우리는 앞서 왜 그에게 고대 비극배우의 고상함으로 일련의 비속어들을 열거하게 했는지 살펴본 바 있다. 저속함은 말 자체에 있는 것이 아니라 말을 하는 방식에 있는 것이다. 카미유는 아내이자 어린애 같은 여배우이고 툭하면 토라지는 처녀, 말하자면 유희적으로 여러 번 계속 반복해서 "난 가지 않을 거야, 난 가지 않을 거야, 난 가지 않을 거야…"라고 말하고 실망한 소녀처럼 "쳇, 당신은 영화관에 가자고 말했잖아"라고 반박하며, 올림푸스 산의 신들을 만나고, 죽음에 이르기 직전 "로메오여, 당신의 알파에 올라타라!"라고 말하는 영원히 아프로디테가 되는 프로코시의 전진을 냉소적으로 비웃는 처녀이기도 하다.

　　하지만 그녀는 남편의 계속되는 질문에 준엄하게 "당신은 내가 무엇인가 생각하고 있기 때문이라고 생각해, 그것이 당신은 놀라워?"라고 대답하기도 한다. "자 해, 빨리 끝내!"와 같은 고대 신탁의 거만한 어조에서 "나의 문제는 우리가 세계를 이해해야 하는 식으로 귀착되지…"와 같은 프리츠 랑의 도덕적 금언을 읽을 수 있다.

　　대사 작가 고다르의 탁월한 창의력은 또한 단조로운 대답("그래, 당신은 물을 가둬둘 수 있어, 물은 깨끗해")으로, 경직된 표현("자, 함께 가자, 그런데 왜, 나는 거기에 혼자 가지 않을 거야…"), 보호를 가장하여 간섭하는 대사("여보, 무슨 일이 있어?"), 어조와 주체의 단절("당신은 앞에 있는 이 집을 본 적이 있어")로 이루어진 폴의 대사에서 발휘된다. 폴의 대사는 "당신, 그것도 좋지 못한 성격 때문인 거야?"와 같이 주로 의문형의 표현과 반복으로 구성되어 있다. 배우의 어법은 "나는 당신에게-말해-야만 해"와 같이 단호한 표현을 또박또박 끊어서 말한다.

신에서 언어적 풍요 중의 하나는 고다르가 인물들에게 써준 텍스트를 인용하여 읽게 하거나 그들에게 이전의 시퀀스에서 라마크리스나의 이야기, 여기서 멍청이 마틴의 이야기, 카미유를 통해 프리츠랑의 고백을 읽게 한 것, 폴이 읽은 "세 미녀의 엉덩이 콘테스트"의 이야기와 우화를 이야기해 주는 것을 주저하지 않는 자유에 해당한다. 이러한 이야기들과 읽는 행위들은 중간 시퀀스를 폴과 랑, 프로코시가 문학과 시의 인용을 많이 사용하여 직면하게 되는 것을 보여주는 모든 시퀀스에 연결시킨다. 하지만 자크 오몽이 지적했던 바와 같이 당시의 고다르의 용법과 반대로 이러한 인용들은 그와 같이 주어지고, 문학적 인용처럼 다루어지며, 어떤 인물에 의해 다른 인물에게 '따옴표로' 전해지는 것이지 영화를 통해 직접 수용되지는 않는다.

끝으로 대사는 당당하게 폴과 카미유의 교대로 이루어진 둘의 서창조로 중간 시퀀스의 시적 어투에서 선호되고 있다. 대비 효과는 일상적이고 단조로운 대사의 흐름 속에서 두드러진다. 계속되는 음악적 서정성의 활용으로 두 배우의 목소리는 모라비아의 훌륭한 텍스트의 일부분을 사랑과 향수의 시로 바꿔 놓는다. 특히 이것은 "예전에 모든 일은 희미한 무의식이나 흔쾌히 하는 동조에서처럼 일어났다. 모든 일이 신속하고, 미친듯하고 마법에 걸린 듯 경솔하게 이루어졌는데…"라는 부분에서 영감을 부여받은 것이다.

색채

이 영화에서 대부분의 시퀀스들은 외부의 자연 배경(치네치타, 프로코시 집의 정원, 카프리)을 삽입하고 있다. 이때 지배적인 것은 지중해의 봄볕, 식물의 푸르름, 바다와 하늘의 짙은 푸른색을 돋보이게 만드는 태양의 강렬함이다.

"이러한 빛이 동반하고 의미하는 것은 바로 신들의 시선 아래 항구적으로 위치해 있는 비극적 세계의 표현이다."(자크 오몽, 1990)

영화는 전체적으로 앞자막과 프롤로그부터 제시되고 흰색·노란색·푸른색·붉은색의 우위를 근거로 한 아주 선별적인 색채의 특색으로 특징지어진다.

아파트의 시퀀스는 전체적으로 실내에서 전개되고 거기에 삽입된 색채들은 처음의 선택을 확고하게 만든다. 특정의 색채는 무엇보다도 흰색이다. 고다르는 아파트의 벽들을 모두 흰색으로 보여주기 위해 최근에 구입한 새 아파트를 활용했다. 흰색은 바닥에 놓여 있는 페인트통, 흰색 조화들, 전등갓으로 확대되어 있다. 흰색은 조각상들의 지배적인 색채이다. 흰색은 노란색과 더불어 빛의 색이다. 흰색은 아파트 안에서 신화적 기준의 화려함과 오디세이 빛의 강렬함을 확산시키고 있다. 인물들이 몸에 두르고 있는, 특히 폴이 몸에 두르고 있는 흰색의 큰 타월은 이런 가치들을 확고하게 만들고 있다.

흰색에 붉은색이 대비되고 있다. 앞서 본 바와 같이 붉은색은 타이틀의 색채(빔 밴더스의 〈파리, 텍사스〉에서도 타이틀을 붉은색으로 사용하고 있다. 아마도 고다르의 영향을 받고 있는 것이 아닐까?-역주) 이기도 하다. 붉은색은 붉은 장미꽃다발이 등장하면서부터 삽입되지만 특히 여기서는 폴의 흰색에 대비되는 붉은색 큰 타월을 두르고 있는 인물 카미유를 가리킨다. 물론 이것은 경멸의 붉은색이고 분노와 도전의 붉은색이다. 카미유가 폴에게 경멸의 감정이 가장 고조된 순간에 나타나는 것도 붉은색 타월을 두르고 있을 때이다. 이러한 붉은색은 가구류의 몇 가지 요소들, 즉 부부의 침대를 대신해야 하는 소파, 두 개의 안락의자, 책 속의 프레스코화 몇 점, 권총이 숨겨져 있는 서가를 채우게 된다. 붉은색은 프롤로그부터 카미유의 육체와 연관된 침대의 탈색된 노란 황금색과 대비된다. 이것은 위험의 붉은색(〈하타리〉의 포스터), 프로코시의 자동차 알파 로메오와 사고 현장, 주유소의 색이다. 경멸은 프란체스카가 프로코시의 별장 안에서 붉은색으로 갈아입기 위해 노란색 스웨터를 벗는 순간 약간 불행을 느끼는 폴을 짓누른다. 단조롭게 인물들에게 멸시받는 실버시네 극장의 여가수 역시 붉은색 스웨터를 입고 있다.

이러한 붉은색은 근본적으로 프리츠 랑에 의해 촬영된 〈오디세이〉의 쇼트에서 눈에 잘 띄는 왕위 계승자의 확산된 피의 붉은색이다.

노란색은 신들의 색이고 카미유 육체의 색이다. 더 넓게 보자면 성적 매력이 뛰어나지만 접근하기 어려운 여성 육체의 색이다. 프란체스카는 영화의 끝에서 카미유를 만날 때 카미유처럼 노란색 화장복을 입고 있다.

폴은 오히려 푸른색을 착용하고 있다. 그의 양복, 모자의 띠, 넥타이가 푸른색이다. 처음에 이러한 푸른색은 카미유의 정장과 그녀의 아름다운 금발을 묶고 있는 밴드의 바다빛 푸른색과 연관이 있다. 푸른색은 하늘, 바다, 조각상들의 눈, 특히 넵투누스의 눈에 채색된 색이다. 이것은 푸른색과 태양의 노란색을 아주 조화롭게 만드는 색채이다. 푸른색은 직접적으로 영화에서 호메로스의 세계에 속하며, 마찬가지로 짙은 푸른색 양복을 입은 인물 프리츠 랑에 속한다. 우리는 영화의 시작 부분에서 영사실의 의자색과 마찬가지로 푸른색인 이 색채를 전등의 양쪽에 마주 보고 놓여 있는 두 개의 안락의자에서 다시 발견할 수 있다.

이러한 네 가지 색이 중간 부분의 몽타주의 짧은 쇼트들에 아주 폭넓게 지배적으로 나타나고 있다. 모피의 흰색, 담요의 어두운 푸른색, 소파의 붉은색은 빛의 대비로 카미유-페넬로페 누드의 선명한 광채, 즉 그녀의 머리와 화장복의 노란색을 강조한다. 고다르는 폴이 욕실에서 볼 수 있는(사진 29) 네 가지 색의 수건에 색채들을 결집시켜 놓기까지 한다.

카미유는 색채들에 사로잡히는 여자이다. 의상이 바뀔 때마다 그녀는 개성적인 새로운 얼굴, 새로운 감각을 드러낸다. 거기서 갈색의 페넬로페로의 변신, 즉 갑자기 그녀의 특성의 지속성을 드러내 보이는 흑단의 검은색 머리칼로의 변신이 이루어진다. 카미유는 폴의 사랑스러운 부인이다. 그녀는 바다빛 푸른색 정장이나 검은 털이 달린 밝은 수수한 초록색 원피스를 간소하게 차려입은 젊은 타이피스트이다. 그녀는 붉은색의 옷을 입은 비너스가 되고 검은색 가발을 쓴 페넬로페가 되기도 한다. 옷에 의한 이러한 변신은 인물의 변덕스러움과 그녀의 신화적 차원, 강한 경멸감을 시각화해 준다. 금속의 조각상으로 만들어진 그녀의 분신은 무감동으로 남게 되고 폴과 운명의 충돌과 무관해지게 된다.

비평적 시선
1963년 비평계 반응

열성팬들

우리는 바딤의 영화미학의 정반내 방향에 있다. 바딤의 경향인 것은 바로 검은 스타킹, 찢어진 셔츠, 옷깃이 가볍게 스치는 매혹적인 소리, 천박해 보이는 젖가슴, 눈길이 쏠리는 엉덩이(감히 표현하자면)이다. 고다르 경향인 것은 누드, 태도가 암시적이라면 특히 고대의 조각술에서도 그런 것으로 이해될 수 있는 인체 조각의 단순한 데생이다. 바딤의 영화에서 육체는 허리를 흔들며 걷고 격렬한 몸놀림을 한다. 고다르의 영화에서 육체는 누드가 되자마자 부동 상태가 되고 대리석의 무거워 보이는 불가피성을 갖게 된다. 〈경멸〉에서 바르도가 빈축을 사게 된다면 그것은 르네상스 시대의 조각상이 고대에 뒤떨어진 사람들의 빈축을 사게 만드는 것과 같은 방식이다.

폴은 율리시즈에 동요하고 카미유는 페넬로페에 동요하면서 〈경멸〉은 두 측면, 우화의 측면과 일상 생활의 측면에서 전개된다. 두 측면 사이에서 영화를 매개로 이용한다. 영화는 두 가지 성격을 띠고 신들, 즉 영화에서 고대에 야한 색깔로 괴발개발 칠해진 조각상이 된

옛 올림피아 신들의 허울상 무관심에 어떤 신을 다른 신에게 인도한다. 그리고 영화와 호메로스의 신들의 영향하에 있는 것처럼 비극의 아찔함으로 이해된 진부한 부부싸움은 죽음의 돌이킬 수 없는 충동으로 치닫는다. 갑작스러운 죽음에 우리는 제단의 탁자와 유사한 테라스를 신들의 영향력 있는 거리로 끌어올리기 위해 천상으로 올라가는 별장의 무수히 많은 계단들을 마련했다. 제단 탁자 위에 바르도는 알몸으로 봉헌물이나 희생물처럼 엎드려 있다.

— 장 루이 보리, 《아르》지, 1963년 12월 27일자.

　여기서 아주 행복하고 솔직하게 미모의 여인이며 배우인 브리지트 바르도를 예찬하지 말고 우상숭배하듯 하지 말며 기탄없이 찬미합시다. 〈사생활〉(1961)은 그녀를 증오에서 벗어나게 만들었을 수도 있다. 나는 그녀가 바로 인물로 바뀌어 카미유가 되는 것을 보면서 이전의 모든 인물들을 잊을 수 있었다. 그녀는 능숙하기까지 한 영화 제작자들과 함께 이제 단 한 편의 유일한 영화를 만들어서도 안 될 수 있다. 말과 고다르는 B.B.(브리지트 바르도)와 새로운 프랑스 영화의 유능한 감독들이 상호적으로 크게 공헌하고 있다는 것을 입증했다. 그녀는 여기서 아주 단순하게 첫번째 신의 질문에서부터 마지막 말이 될 그러한 말장난에 이르기까지 영화의 시작부터 끝까지 감동적이고 연민을 불러일으킨다. 마치 카미유가 폴과의 삶의 운명적인 급변을 예감하고 그 순간 얼굴에 폴이 그녀의 번민에 얼마나 낯설게 남아 있는가를 실감하는 절망이 전해지는 것처럼 그녀는 얼굴이 갑자기 일그러지는 상스러운 말들이 오가는 장면에서도 감동적이고 연민을 불러일으키게 만들고 있다. 〈그리고 신은 여자를 창조했다〉 이후 처음으로——왜냐하면 〈사생활〉(1961)에서 그녀는 본질적으로 그녀 자신이 되어야 했기 때문이다——브리지트 바르도는 B. B.가 아니라 아주 새로운 재능을 소유한 인물이 된다. 재능이 되살아난 화려함으로 드러나기도 하는 누드의 아름다움까지 해당하는 것은 아니다. 왜냐하면 고다르는 드러냄과 감춤의 통상적인 구실과 기교를 활용하면서 그녀를 존중했고 그녀와 연기하지도, 속임수를 쓰지도 않았기 때문이다.

— 르네 질송, 《시네마 64》, nº 84, 1964년 2월호.

추문의 영화인가?

남편에 대한 카미유의 사랑은 남편이 시나리오를 써야 하는 영화 제작자를 유혹하기 위해 자기를 이용하고 있다는 의심이 드는 순간 끝난다. 그녀를 사로잡는 자신도 모르는 말로 표현하기 어려운 이러한 경멸은 육체의 매력보다 더 강한 마음의 움직임이다. 영화는 "존경하는 마음이 없으면 사랑도 끝이다"라는 유명한 격언으로 성공할 수도 있다. 이 어린애 같은 여인, 머리 나쁜 타이피스트는 코르네유가 말했던 것처럼 그녀의 '명예'는 상처받게 된다는 것을 알게 된다. 그리고 그녀의 사랑은 되살아나지 못한다. 그녀의 남편은 너무나도 지적이어서 부인이 어떤 대상, 노리개가 되지 못했다는 것을 이해하지 못하게 되기에 이른다. 이것이 그가 빠져든 함정이고 이러한 오해가 비극의 테마이다.

비극들——고전비극도 마찬가지로——은 어린아이들을 위해 쓰인 것이 아니어서 모든 관객층에게 적합한 것은 아니다. 이 영화는 충격을 줄 수 있는 몇몇 영상들 때문에 어떤 추문으로 비칠 수 있다면 더 아름다울 수 있는 것으로 남는다. 하지만 우리는 현대의 이교적 태도와 많은 현대인들에게 신화학을 대신하는 이러한 영화의 세계에 심각한 성찰을 불러일으키는 어떤 작품을 언급하지 않을 수도 없는 것 같다. 〈경멸〉은 이러한 이교도적 태도와 신화학을 드러내고 있다. 이 영화는 영혼없는 이러한 사랑의 배신 행위와 이러한 교활한 반인반신들의 내적 고독을 폭로하고 있다.

— 장 콜레, 《텔레라마》, 1964년 1월호.

몽타주에 대해

〈경멸〉은 고다르의 영화에서 낯설게 몽타주에 배려한 지속 시간의 의미의 도래를 드러내고 있다. 가장 차분한, 대조적으로 전면 고정 쇼트들 중 균형이 가장 잘 잡혀 있고 결별을 나타내는 몽타주. 숨바꼭질이 넓은 표면을 통해 서로, 그리고 우리들 자신의 존재들의 시선을 피하기 때문에 아무도 결코 서로 만나지 못하는 화면 영역의 등장과 퇴장은 부부의 통상적인 쇼트 대신 이어지는 쇼트에서의 일종의 몽타주와 달리 스미는 효력을 이용한다. 카미유의 외침은 프레임의 한계로 중단되고 귀를 멍하게 만드는 메아리처럼 남편의 외침으로 답하게 되면서 우리에게 흐름을 깰 수도 있는 움직임의 단편들이 아니라 누그러지는 격정, 마지막 음표가 지나간 화음에 여전히 무거운 느낌을 주는 노래에서 준수되는 연속성으로 비친다. 나는 이 영화에서는 움직임들의 아주 미세함을 통해 무례함이 은폐되는 것, 심각함이 거기에 잠재하게 되는 것을 좋아한다. 왜냐하면 "제기랄"을 찾는 카미유가 눈과 목소리를 내리깔고 키스할 때 바위에 부서지는 파도 소리가 자연의 움직임이 없는 유일한 순간을 확인시켜 주기 때문이다.

　　— 장 나르보니, 《카이에 뒤 시네마》, n° 152, 1964년 2월호.

비방자들

　고다르의 영화는 아주 다양한 영역, 즉 아파트의 탐색에서 '예술 창작'의 번민에 이르기까지 영화에 관해 고대 세계와 현대 세계, 고다르의 권태를 결론지을 수 있는 두려운 독학자의 주장일 뿐이다. 다른 곳에서보다 〈경멸〉에서 더 심하다고 할 수는 없지만 고다르는 그의 활동을 자제했다. 그는 주된 몇 가지 성공의 조건들을 가지고 있었고 그 자신이 약간 평판이 좋지 않았던 만큼 수용하기 쉽지 않다. 어쩌면 그는 아주 불행한 사람일지도 모르지만 불행은 용서가 아니다.

　　— 제라르 르그랑, 《포지티브》 n° 59, 1964년 3월호.

부인으로 말하자면, 나는 바르도가 아주 당당하게 연기한 것은 지나칠 정도로 무모한 허세를 부린 과오라고 생각한다. 모라비아의 소설에서 경멸의 형성 과정은 느린 과정, 독이 든 과일이 명백히 드러나게 되는 불충한 성숙으로 묘사되었다. 소설의 몇 페이지는 고통스러운 신랄함이 있었다. 신랄함이 영화에는 없다고 단정하기 어렵다. 사랑이 경멸로 변하게 된 것은 여기서 충격적이고 전체적이며 점진적인 것도 아니고 미묘함도 없으며 돌이킬 수도 없다. 이것은 보통 똑똑하고 감각적인 부인이 그 가치로 판단하고 곧 행동할 수 있지만 어리석은 부인이 사실 엉터리로 해석할 수 있는 사건들 때문에 초래된다. 고다르가 귀여운 바르도에게 요구한 인물은 우둔함, 즉 집요하고 이성적이지 못한 비난, 무기력한 모욕들("당신은 가련한 타입이야"), 흐릿하고 총기없는 침묵과 거리가 멀다. 경멸에 대해 그런 건가? 아니다. 이것은 잔인한 푸차드주의자의 당당한 외면, 황소 앞에서 갑자기 다루기 힘든 암소 아피스의 이해하기 어려운 변덕이다. (…) 그것 때문에 멸시당한다는 것은 엄밀히 말해 아무것도 말하고 싶지 않은 것이다. 왜냐하면 어리석음의 심연은 정신을 혼미하게 만들기 때문이다.

— 장 루이 퀴르티스, 《시네마》, 줄리아르, 1967.

1981년 대개봉되었을 때 〈경멸〉에 대한 비평

〈경멸〉은 훌륭한 영화이다. 분명하고 흐르는 듯한 느린 측면 트래블링의 기술은 일종의 명시된 거리를 나타낸다. 의도의 중대함을 지지하는 확신. 하지만 이러한 긍지는 영상과 거의 매혹적인 대사, 인물들의 숨바꼭질의 비웃음에 의해 계속 중단되고 이상화된다. 카미유가 폴에게 자기의 젖가슴이나 젖꼭지를 사랑하는지 묻는 것처럼 프로코시는 랑에게 랑이 아니면 안 되는지 묻는다.

— 제라르 보주아, 《뤼마니테-디방시》 nº 90,

1981년 10월 16일자.

"고다르보다 더 나은 사람은 아무도 없는 것일까…"

〈경멸〉에서 고다르가 영화를 편집의 예술로 만들지 않고, 편집의 강도를 순환시키고 줄을 바꾸는 기술로 행하지 않았던 것보다 더 나은 것은 아무것도 없다. 색채를 목소리의 억양으로, 카메라의 움직임을 음악적 악절로, 감정의 표출을 공간의 발견으로 속도를 다르게 바꿔 놓는 기술. 우리가 보지 못하고 18년이 지난 뒤 발견할 수도 있는 것처럼 〈경멸〉은 반드시 지나간 시간과 영화로 인해 변하게 되지 않는다. 드물지만 영화는 이러한 완결점에 조각이나 음악의 소곡의 극도의 자율성으로 바닥에 어떤 집착없이 '허공에' 떠 있는 인상을 보여줄 수도 있다. 나는 가볍고 섬세하며 음악적일 수 있도록 드레이어나 오즈의 영화 몇 편만 본다. 일화적인 사건을 무시할 수도 있는 〈경멸〉이 고다르의 작품(항상 고다르의 영화에 약간 적절하지 않은 작품이란 말이 한 번쯤은 정확한 단어이다. 〈경멸〉은 완전한 구형의 영화이다)인가 할 정도까지. 이 영화는 〈할 수 있는 자가 구하라: 인생〉 직후 영화적으로 말하는 것이 떠오를 수 있는 영화이다. 18년 뒤에 나온 〈할 수 있는 자가 구하라: 인생〉에 대해 그는 모든 작업에서 편집의 예술일 수도 있는 영화의 프로그램을 완벽하게 완성하고 있다. 우리가 진정으로 1963년 〈경멸〉이 어떠했는가를 알 수 있으려면 〈할 수 있는 자가 구하라: 인생〉을 기다릴 수밖에 없다는 것은 제외시켜야 한다. 이 영화는 전체가 다른 리듬, 줄바꿈, 가속과 감속일 뿐인 물질의 입자에 관한 영화이다.

— 알랭 베르갈라, 《카이에 뒤 시네마》, nº 329, 1981년 11월호.

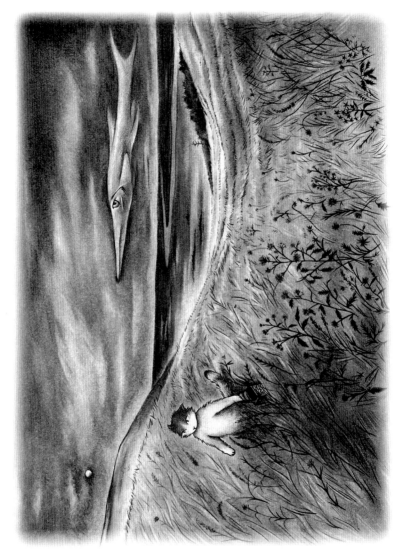

영화 용어

로우 앵글: 카메라가 촬영하고 있는 피사체보다 아래에 위치해 있을 때.

몽타주: 필름의 다른 쇼트들을 서술의 순서대로 끝과 끝을 연결하는 기술적인 작업. 기술적인 작업인 편집 역시 예술적 창조이다. 영어에서는 기술적인 커팅과 예술적인 작업인 편집, 창조와 이론으로서의 몽타주를 구별하고 있다.

쇼트: 영화 제작의 기본 단위. 이것은 '카메라'라는 명령과 '컷'이라는 명령이 내려지는 사이에 감광된 필름의 부분이다. 편집된 필름에서 쇼트는 이전의 쇼트와 이어지는 쇼트를 연결하는 필름의 결합으로 한정된다. 쇼트들은 아주 다양한 지속 시간이 될 수도 있다(시퀀스 쇼트 참조). 쇼트들은 프레임 구성을 결정짓는 그 가치(카메라의 위치와 렌즈의 선택으로 한정)로 규정된다. 일반적으로 다음 쇼트들의 단계로 이루어진다.

   익스트림 롱쇼트: 광활한 공간에서 멀리 있는 인물들.

   롱쇼트: 넓은 공간(거리·홀), 식별이 가능한 인물들.

   미디엄 쇼트: 전신 촬영된 인물들.

   아메리칸 쇼트: 넓적다리 정도까지 촬영된 인물들.

   클로즈 쇼트: 허리 정도까지 촬영된 인물들.

   클로즈업: 얼굴만 촬영된 인물.

   익스트림 클로즈업: 어떤 디테일한 부분만 따로 촬영한다(얼굴의 일부분, 사물 등). 카메라의 움직임 혹은 시각 효과는 같은 쇼트에서 익스

트림 롱쇼트에서 익스트림 클로즈업으로 옮겨가게 만들 수도 있다.

시점: 카메라가 인물이 보고 있는 것을 잡고 있을 때. 영어로 P.O.V.

시퀀스: 흔히 장소나 행동의 단위로 서술 단위를 구성하는 쇼트들의 총체(쇼트, 시퀀스 쇼트 참조).

시퀀스 쇼트: 이것은 익스트림 롱쇼트, 즉 행동의 전체가 단 하나의 시퀀스의 지속 시간으로 전개되면서 필름의 접합 없이 연속적으로 보여주는 필름의 아주 긴 부분이다. 예: 카프리의 별장 안에 프로코시와 함께 있으면서 자신의 생각을 밝히는 폴을 보여주는 〈경멸〉의 **쇼트 159**는 시퀀스 쇼트의 유형이다. 시퀀스 쇼트와 롱테이크를 혼동해서는 안 된다. 아파트의 시퀀스(**시퀀스 8**)는 긴 쇼트들로 편집된 것이지 시퀀스 쇼트로 편집된 것이 아니다(왜냐하면 단 하나의 시퀀스에 여러 개의 롱테이크들이 있기 때문이다).

심도: 영화의 쇼트(혹은 영사할 때 스크린의 쇼트)와 수직 축에서 분명하거나 '정확하게 잡을' 수 있는 화면 영역의 부분.

인서트: 일련의 더 폭넓은 쇼트들에 삽입된 익스트림 클로즈업으로 프레임에 배치된 사물이나 인물의 세부 묘사. 예: 카미유가 쓴 이별의 메시지.(**시퀀스 15**)

장면 연결: 두 개 쇼트의 연속을 가리키는 편집 용어. 편집의 기술은 장면 연결의 기술, 리듬의 기술이다.
　　움직임에서의 장면 연결: 두 개의 쇼트가 관계 없다고 하더라도 두 쇼트의 적절한 역학에 의해 연결될 때.

불연속 장면 연결: 연속 장면 연결이 방해받지 않을 때(서술적 지형학이나 움직임, 미학 등에서) 불연속 장면 연결은 의도적(놀라움의 효과를 창출하기 위해)이거나 고의가 아닐(촬영상 오류) 수 있다.

짧은 편집: 아주 짧은 쇼트들이 약 10초 이내의 지속 시간으로 아주 빠르게 연결되는 영화의 순간. 이것은 1920년대말의 무성 영화에서 아주 빈번하게 나타나고 1960년대초의 현대 영화, 특히 알랭 레네의 〈히로시마 내 사랑〉과 〈지난해 마리앙바드에서〉에서 재발견된 스타일의 형태이다.

트래블링: 공간을 통한 카메라의 움직임. 이때 카메라는 달리가 레일 위로 이동하기 때문에 촬영용 크레인 위에 놓이게 된다. 전진 트래블링, 측면 트래블링, 후진 트래블링이 있다. 이런 움직임이 함께 결합될 수 있다.

파노라마 촬영: 고정된 한 점으로 유지된 축으로 카메라의 수평적 혹은 수직적 움직임.

프레이밍: 카메라가 촬영한 것의 조형적인 구성. 프레이밍(또는 프레임)은 카메라의 위치, 선택된 렌즈, 촬영 각도에 달려 있다.

하이 앵글: 카메라가 촬영하고 있는 피사체보다 위에 위치할 때의 촬영 각도.

화면 영역: 카메라를 통해 촬영할 수 있는 공간의 부분. 예: 두 인물 A와 B가 마주 보고 이야기하고 있다. 인물 A를 촬영하고 인물 B를 촬영한다. 쇼트 b는 쇼트 a의 리버스 앵글 쇼트이다.

참고 문헌

1. 장 뤽 고다르의 텍스트

Introduction à une véritable histoire du cinéma, Paris, Albatros, 1980.

Jean-Luc Godard par Jean-Luc Godard, 알랭 베르갈라(Alain Bergala)가 정리한 판본, Cahiers du cinéma, Ed. de l'Étoile, 1985, p.640.

2. 고다르에 관한 책이나 〈경멸〉을 부분적으로 분석한 책

COLLET (Jean), *Jean-Luc Godard*, 〈Cinéma d'aujourd'hui〉 총서, 초판 1963, 192 p., 1963년 9월에 실행된 〈경멸〉에 관한 대담 포함.

VIANEY (Michel), *En attendant Godard*, Grasset, 1967, p.230(〈경멸〉의 촬영에 관한 탐방기사가 포함된 에세이).

GOLDMANN (Annie), *Cinéma et société moderne*, Paris, Anthropos, 1971, p.256, 〈경멸〉에 관한 부분 pp.112-131.

COLLET (Jean) et FARGIER (Jean-Paul), *Jean-Luc Godard*, 개정 신판, Paris, Seghers, 1974, p.280.

ACHARD (Maurice), *Vous avez dit Godard?*, Éd. Libres-Hallier, p.170, Paris, 1980.

LEFÈVRE (Raymond), *Jean-Luc Godard*, Paris, Edilig, 〈Cinématographiques〉 총서, p.128, 영화 《〈경멸〉의 푸른 하늘》에 관한 부분, pp.55-61.

CERSUELO (Marc), *Jean-Luc Godard*, Paris, Lherminier Quatre vents, 1989, p.272, 영화 《〈경멸〉 혹은 영화에 대한 질문"에 관한 부분, pp.81-97.

DESBARATS (Carole) et GORCE (Jean-Paul), *L'Effet Godard*, Tououse, Éd.

Milan, 1989, p.180.

Douin (Jean-Luc), *Godard*, Paris, Rivages/Cinéma, 1989, p.256.

Hayward (Susan) and Vincendeau(Ginette)(지도), *French Film, Texts and contexts*, Londres, Routlege, 1990, 자크 오몽(Jacques Aumont)의 논문 〈신들의 추락, 장 뤽 고다르의 〈경멸〉〉, pp.217-229.

3. 주요 기사, 잡지 특별호

Études Cinématographiques, 〈Jean-Luc Godard, au-delà du récit〉, nᵒ 57-61, 1967, 바르텔레미 아망구알(Barthélemy Amengual)의 에세이와 함께 미셸 에스테브(Michel Estève)가 발표, Paris, Lettres Modernes, Minard, 1967, p.192.

Art Press, 고다르 특집, nᵒ 4, 1984년 12월-1985년 1-2월, 도미니크 파이니(Dominique Païni)와 기 스카르페타(Guy Scarpetta)의 총괄, p.70.

Revue belge du cinéma, 〈Jean-Luc Godard, les films〉, nᵒ 16, 1986년 여름호, 필리프 뒤부아(Philippe Dubois) 지도, p.112 : 나의 연구 초판 〈Un monde qui s'accorde à nos désirs〉, pp.25-36, 안 마리 포(Anne-Marie Faux)의 논문 〈Quelque chose à entendre et à regqrder〉, pp.105-106, 고다르의 앞자막에 대한 연구 장 루이 뢰트라(Jean-Louis Leutrat)의 〈Il était trois fois〉와 로제 오댕(Roger Odin)의 〈Il était trois fois, numéro deux〉.

Revue belge du cinéma, 〈Jean-Luc Godard, le cinéma〉, nᵒ 22/23, 이전 것의 증보판.

Hors Cadre, nᵒ 6, 〈Contrebande〉, 1988, P.U. de Vincennes-Saint-Denis, 마리 클레르 로파르(Marie-Claire Ropars)의 논문 〈Totalité et fragmentaire : la réécriture selon Godard〉, pp.193-207.

CinémAction, nᵒ 52, 〈Le Cinéma selon Godard〉(르네 프레달René Prédal 의 지도), Corlet-Télérama, p.216, 1989년 7월.

Admiranda, Cahiers d'analyse du film, et de l'image, 〈Le Jeu de l'acteur〉, n° 4, 1989, p.120, Aix-en-Provence, 1990, 니콜 브레네즈(Nicole Brenez) 총괄, 니콜 브레네즈의 논문 〈Le Rôle de Godard〉, pp.68-76. 이 글은 *Autour du Mépris*라는 제목이 붙은 저자의 학위 논문(École des Hautes Études en Sciences Sociales, 1989)에 재수록되었다.

L'Avant-Scène Cinéma, Le Mépris de Jean-Luc Godard, suivi de *Bardot, Jean-Luc Godard*와 자크 로지에(Jacques Rozier)의 *Paparazzi*, n° 412/413, 1992년 5-6월 니콜 브레네즈의 서문 〈Cinématographie du figurable〉과 쇼트와 쇼트의 분할.

4. 보충 참고 문헌

MORAVIA (Alberto), *Le Mépris*, 클로드 퐁세(Claude Poncet) 번역, Paris, Flammarion, 1955, 재판 Garnier-Flammarion, 1989, 장 미셸 가르데르 (Jean-Michel Gardair)의 서문, 참고 문헌, 연보.

MORAVIA (Alberto), *Trente ans au cinéma*, de Rossellini à Greenway, 〈Cinéma〉 총서, Flammarion, 1990, p.366.

LEUTRAT (Jean-Louis), *Des Traces qui nous ressemblent, sur Passion de Jean-Luc Godard*, coll. Spello, Seyssel (Ain), Éd. Comp'act, 1990, p.100.

PICCOLI (Michel), *Dialogues égoïstes*, Paris, Olivier Orban, 1976, 재판 Verviers (Belgique), Marabout, 1977, p.276, Sur le tournage du *Mépris*: pp.179-194.

색 인

이용주(李龍柱)
성균관대학교 대학원 졸업(문학박사)
프랑스 파리3대학(D.E.A.)
고려대 · 배재대 · 서원대 · 충남대 강사
현재 국민대학교 예술대학 공연예술학부 연극영화전공 교수(강의 전담)
저서:《로베르 브레송》(공저),《프랑스 문화와 예술》(공저)
《프랑스 문화》(공저)
번역서:《영화미학》《'시민 케인' 비평 연구》
《시나리오 쓰기의 이론과 실제》《상상력을 자극하는 110가지 개념》
《시학》《고독한 글쓰기》《히로시마 내 사랑》(시나리오) 등 다수

문예신서
3105

〈경멸〉 비평 연구

초판발행 : 2007년 2월 5일

東文選
제10-64호, 78. 12. 16 등록
110-300 서울 종로구 관훈동 74번지
전화 : 737-2795

편집설계 : 李娃롯

ISBN 978-89-8038-594-2 94680

東文選 文藝新書 295

에로티시즘을 즐기기 위한 100가지 기본 용어

장 클레 마르탱
김웅권 옮김

즐기면서 음미해야 할 본서는 각각의 용어가 에로티시즘을 설명하는 대신에 그것을 존재하게 하며, 느끼게 만들고, 떨리게 하는 그런 사랑의 여로를 구현시킨다. 에로티시즘을 이해하는 게 중요한 게 아니라 그것을 즐기고, 도취·유혹·매력·우아함 같은 것들로 구성된 에로티시즘의 미로 속에 들어가는 게 중요하다. 각각의 용어는 그 자체가 영혼의 전율이고, 바스락거림이며, 애무이고, 실천이나 쾌락의 실습이다. 극단적으로 살균된 비아그라보다는 아프로디테를 찬양해야 한다.

이 책은 들뢰즈 철학을 연구한 저자가 100개의 용어를 뽑아 문화적으로 전환된 유동적 리비도, 곧 에로티시즘과 접속시켜 고품격의 단상들을 생산해 내고 있다.

에로티시즘이 각각의 용어와 결합할 때 마법적 연금술이 작동하고, 이로부터 솟아오르는 스냅 사진 같은 정신의 편린들이 격조 높은 유희를 담아내면서 독자에게 다가온다. 한 철학자의 방대한 지적 스펙트럼 속에서 에로스와 사물들이 부딪쳐 일어나는 스파크들이 놀라운 관능적 쾌락을 뿌려내는 이 한 권의 책을 수준 높은 고급 독자에게 권한다. '텍스트의 즐거움'을 함께 나누고자 한다.

장 클레 마르탱은 프랑스의 철학자로서 활발한 저술 활동을 펴고 있으며, 저서로는 《변화들. 질 들뢰즈의 철학》(들뢰즈 서문 수록)과 《반 고흐. 사물들의 눈》 등이 있다.

東文選 文藝新書 304

음악 녹음의 역사

마이클 채넌
박기호 옮김

본서는 음반 산업의 역사를 다룬 최초의 개론서로서, 1877년 에디슨이 발명한 '말하는 석박(錫箔)'에서 CD 시대에 이르는 음반 산업의 역사에 관련된 전 영역을 다루고 있다.

마이클 채넌은 본서에서 음반을 전통적 성격의 상품과는 완전히 성격을 달리하는 새로운 유형의 상품, 즉 무형의 연주로 존재하는 음악을 판매 가능한 대상으로 전환시킨 상품으로 고찰하고 있으며, 음악 문화에서 음반이 야기한 전도 현상에 대하여 서술하고 있다. 본서에서 그는 다음과 같은 의문을 제기하고 있다. 녹음 스튜디오에서는 어떤 일이 일어나고 있는가? 녹음은 음악에 어떤 영향을 끼치고 있는가? 재생 기술로 인하여 우리가 구시대 사람들과 다르게 음악을 듣고 있는가?

본서는 기술과 경제 양 측면에서 음반 산업의 성장과 발전을 관련시키고 있다. 클래식 음악과 팝 음악 양 진영에서의 음악 해석에 끼친 마이크의 영향, 이들 요소가 음악의 스타일과 취향에 끼친 충격 등이 그것이다. 대단히 알기 쉽게 서술된 본서는 녹음 기술의 발전과 새로운 팝 음악 형식의 발생 사이의 관계에 대해서도 추적하고 있으며, 마이크 테크닉과 스튜디오의 실제 작업에 대한 클래식 음악가들 사이의 논쟁을 다루고 있다.